少年读诸子百家

少年读庄子

李 楠 主编

民主与建设出版社
·北京·

图书在版编目（CIP）数据

少年读庄子 / 李楠主编 . -- 北京：民主与建设出
版社，2020.7

（少年读诸子百家；2）

ISBN 978-7-5139-3074-1

Ⅰ . ①少… Ⅱ . ①李… Ⅲ . ①道家②《庄子》—少年
读物 Ⅳ . ① B223.5-49

中国版本图书馆 CIP 数据核字（2020）第 102749 号

少年读庄子
SHAONIAN DU ZHUANGZI

主 编	宋立涛	
责任编辑	刘树民	
总 策 划	李建华	
封面设计	黄 辉	
出版发行	民主与建设出版社有限责任公司	
电 话	（010）59417747 59419778	
社 址	北京市海淀区西三环中路 10 号望海楼 E 座 7 层	
邮 编	100142	
印 刷	三河市燕春印务有限公司	
版 次	2020 年 8 月第 1 版	
印 次	2020 年 8 月第 1 次印刷	
开 本	850mm×1168mm 1/32	
印 张	5 印张	
字 数	128 千字	
书 号	ISBN 978-7-5139-3074-1	
定 价	198.00 元（全六册）	

注：如有印、装质量问题，请与出版社联系。

　　《庄子》，又被尊称为《南华经》，古代哲学著作，庄周及其后学者所撰。

　　庄子（生卒年不详），名周，号南华仙人。战国时期睢阳蒙县（今河南商丘东北）人。曾做过蒙地管漆园的小吏，后来厌恶政治，脱离仕途，靠编草鞋糊口，过着隐居生活，专门从事著述。庄子反对儒墨两派，推崇老子学说。所著《庄子》一书，继承和发展了老子的学说，在宇宙观、认识论和人生观等方面，都提出了系统的理论观点。所以，后世把老子和庄子并称"老庄"，他们的哲学思想也成为"老庄哲学"。

　　今本《庄子》共三十三篇，其中内篇七、外篇十五、杂篇十一。一般认为，内篇界限比较明确、严格，自成一体，是庄子自著，其中《逍遥游》《齐物论》《大宗师》三篇最能集中体现庄子的哲学思想；外篇和杂篇大多出于庄子门人及后学之手。《庄子》以"寓言""重言""卮言"为主要表现形式，全书以内篇为核心，自成体系。

　　《庄子》一书在魏晋时和《周易》《老子》并称为"三玄"，成为道家学派的代表作之一。由于道家文化是中国传统文化的重要组成部分，因而《庄子》也成为人们研究中国传统文化的重要典籍之一。

庄子对后世影响很大，主要反映在庄子思想和庄子文学成就两大方面。从思想方面看，由于庄子继承和发展了老子"道"的学说，在当时，形成了与儒、墨鼎立的形势，而后作为儒道释三大家之一的思想文化影响着中国近两千年的社会思想文化的发展。作为老庄哲学思想，他们提倡的淡泊名利，清心寡欲，旷达超脱，以及崇尚人与自然的和谐，追求为人处事上的清廉正直和真实无假的理想人格的塑造，都是有益于人的道德思想境界的提高的，对儒学提倡的敬业献身精神是一种有益的补充。当然，老庄思想也存在消极的一面，因为事物总是一分为二，相反相成的，倘若一味地追求"无为"的境界，脱离作为社会人应该尽到的社会责任，也将走向反面。

　　如果说庄子的哲学思想尚须有积极与消极的鉴别，而庄子在文学艺术领域所开创的浪漫主义的创作精神及其创作手法，则完全是积极的和进步的，为后世文学艺术的发展，诸如风格的多样化，创作手法的丰富性，特别是针对社会的现实主义的批判精神，与艺术表现上的浪漫主义手法，都有着直接或间接地重大影响。庄子思想对历代的学者、作家都有很深的影响。诸如屈原、司马迁、陶渊明、李白、苏轼、曹雪芹、鲁迅等人，他们从不同的层面汲取有益的东西，成就了自己在文学史上的卓著地位。我们相信，现在和未来的人们，会有更多的人从《庄子》书中获得更多的教益。

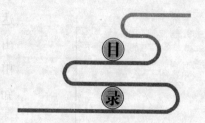

■杂 篇

内 篇

逍遥游

北冥有鱼①，其名为鲲②。鲲之大，不知其几千里也。化而为鸟，其名为鹏。鹏之背，不知其几千里也。怒而飞，其翼若垂天之云③。是鸟也，海运则将徙于南冥④。南冥者，天池也。

①北冥：北海。冥，通"溟"，浩瀚无边。

②鲲：大鱼名。

③垂：通"陲"，边陲，边际。

④海运：海动，海风刮起。

北海有一条鱼，它的名字叫做鲲。鲲的体长，不知道有几千里。变化成为鸟，它的名字叫做鹏。鹏的阔背，不知道有几千里。奋起而飞，它

1

的翅膀就像天边的云。这只鸟啊，当海水激荡、飓风刮起的时候，就要迁往南海。那南海，就是一个天然的大池。

原文

《齐谐》者①，志怪者也。《谐》之言曰："鹏之徙于南冥也，水击三千里，抟扶摇而上者九万里②，去以六月息者也③。"野马也，尘埃也，生物之以息相吹也④。天之苍苍⑤，其正色邪？其远而无所至极邪⑥？其视下也，亦若是则已矣。

注释

①《齐谐》：书名。出于齐国，记载诙谐怪异之事，故名《齐谐》。

②抟：环绕。一作"搏"，拍打。扶摇：旋风，海中飓风。

③去以六月息：乘着六月之风而去。此"息"作"风"解。一说，一去半年才歇息。此"息"作"休息"解。二者均通。

④息：气息，风。

⑤苍苍：深蓝色。

⑥其：抑或，还是。

译文

《齐谐》这本书，是记载怪异之事的。书里有这样的话："当鹏往南海迁徙时，一击水就行三千里，环绕旋风升腾九万里，它是乘着六月的大风而飞去的。"野马般的气雾，飞扬的浮尘，这都是生物的气息相互吹拂的结果。看那天空，湛蓝湛蓝的，那是它的本色吗？还是由于它无限高远的缘故呢？倘若从上往下看，大概也是这种光景吧。

原文

且夫水之积也不厚①，则其负大舟也无力。覆杯水于坳堂之上②，则芥为之舟，置杯焉则胶③，水浅而舟大也。风之积也不厚，则其负大翼也无力。故九万里则风斯在下矣，而后乃今培风④；背负青天而莫之夭阏者⑤，而后乃今将图南。

注 释

①且夫：提起将要议论的下文。厚：深。

②坳堂：即"堂坳"，屋中的低洼处。

③胶：粘连。

④培风：凭风，乘风。

⑤夭阏：阻碍。夭，折。阏，遏，止。

译 文

水的积蓄不够深厚，那就没有能力负载大船。在堂前的洼地上倒上一杯水，那么放入一根小草还可以当船，放上一只杯子就胶着不动了，这是水浅而船大的缘故。风的势头不够强劲，那就没有能力负载巨大的翅膀。所以鹏飞九万里，由于风就在它的下面，然后才凭借着大风飞行；由于背靠青天而没有阻碍它的东西，然后才能图谋飞往南海。

原 文

蜩与学鸠笑之曰①："我决起而飞②，抢榆枋③，时则不至而控于地而已矣，奚以之九万里而南为④？"适莽苍者⑤，三飡而反，腹犹果然⑥；适百里者，宿春粮⑦；适千里者，三月聚粮。之二虫又何知！

注 释

①蜩：蝉。学鸠：小斑鸠。

②决起：疾速而起，奋起。

③抢：冲，撞。枋：檀树。

④奚以：何以。之：往。为：句末语气词。

⑤适：往，到。莽苍：郊野苍茫景色，代指郊外。

⑥果然：吃饱的样子。

⑦宿春粮：即"春宿粮"，春捣一宿之粮，准备过夜的吃食。

蝉和学鸠讥笑大鹏说:"我们从地面疾速而飞,碰上榆树、檀树的枝条就停下来,有时飞不上去,就落到地面罢了,何必要飞上九万里高空而前往南海呢?"到郊野去,只需携带三顿饭食,回来后还是饱饱的;去百里以外的地方,就要准备过夜的粮食;去千里以外的地方,那就要预备三个月的口粮。这两只小虫、小鸟又怎么会知道!

原 文

小知不及大知①,小年不及大年②。奚以知其然也?朝菌不知晦朔③,蟪蛄不知春秋④,此小年也。楚之南有冥灵者⑤,以五百岁为春,五百岁为秋;上古有大椿者⑥,以八千岁为春,八千岁为秋,此大年也。而彭祖乃今以久特闻⑦,众人匹之⑧,不亦悲乎?

注 释

①知:同"智"。

②年:年寿,寿命。

③朝菌:朝生暮死的菌类生物。晦朔:每月的最后一天为晦,每月的第一天为朔。这里指一天的晨与夕。

④蟪蛄:寒蝉。因为春生夏死或夏生秋死,无法了解一年春夏秋冬四季的变化。

⑤冥灵:大海灵龟。一说树木名。

⑥大椿:大椿树,传说中的神树。

⑦彭祖:传说中的长寿人物,一说活了七百岁,一说活了八百岁。

⑧匹之:与他相比。匹,比。

译 文

智慧小的不如智慧大的,寿命短的不如寿命长的。怎么知道是这样呢?朝菌不知道昼夜的交替,蟪蛄不知道春夏秋冬四季的变化,这都是由于寿命短促的缘故。楚国的南边有一只灵龟，以五百年的光阴当作一个春季，又以五百年的光阴当作一个秋季；远古时期有一棵大椿树，更以八千年光阴当作一个春季，再以八千年光阴当作一个秋季，这是因为它们的寿命太长了。然而彭祖至今还以长寿闻名于世，众人都希望和他相比，岂不是很可悲吗？

原文

夫列子御风而行①，泠然善也②，旬有五日而后反。彼于致福者③，未数数然也。此虽免乎行，犹有所待者也。

若夫乘天地之正④，而御六气之辩⑤，以游无穷者⑥，彼且恶乎待哉！故曰：至人无己，神人无功，圣人无名。

注释

①列子：列御寇，战国时期郑人。御风：乘风。

②泠然：轻妙的样子。

③彼：指列子。致：求，得。福：福报。

④乘：因循，随顺。正：规律，本性。

⑤御：与"乘"同义，顺从。六气：指阴、阳、风、雨、晦、明。辩：通"变"，变化。

⑥无穷者：虚指无限的境界，实指无限的自然界。对主体个人讲，达到绝对自由自在的境界。

译文

列子乘风漫游，轻松美妙极了，过了十天半个月才回来。他对于福报的事，并没有汲汲去追求。列子虽然可以免于步行，还是要依靠风力才行。

如果能够把握天地的本性，顺从六气的变化，畅游于无穷的世界，他还有什么必须依赖的东西呢！所以说：至人无一己的私念，神人无功业的束缚，圣人无名声的牵挂。

原文

尧让天下于许由[1]，曰："日月出矣，而爝火不息[2]，其于光也，不亦难乎！时雨降矣，而犹浸灌，其于泽也[3]，不亦劳乎！夫子立而天下治[4]，而我犹尸之[5]，吾自视缺然[6]。请致天下。"

许由曰："子治天下，天下既已治也，而我犹代子，吾将为名乎？名者，实之宾也[7]，吾将为宾乎？鹪鹩巢于深林[8]，不过一枝；偃鼠饮河[9]，不过满腹。归休乎君！予无所用天下为。庖人虽不治庖[10]，尸祝不越樽俎而代之矣[11]。"

注释

①尧：名放勋，号陶唐氏，儒家视为上古时代理想中的圣明君王。许由：字武仲，传说中的高洁隐士。

②爝火：火炬。息：通"熄"，灭。

③泽：润泽。

④夫子：指许由。立：立位，登位。

⑤尸：主，主持。

⑥缺然：欠缺的样子。

⑦宾：宾从，附庸。

⑧鹪鹩：小鸟名。

⑨偃鼠：即鼹鼠，白天隐于土穴中，晚上出来觅食的地鼠。

⑩庖人：厨师。

⑪尸祝：祭祀时，主祭人执祭版对神主（尸）祷祝，所以称主祭人为尸祝。樽俎：樽是盛酒的器具，俎是盛肉的器具，都是厨师必备的东西，所以用来借指厨师。

译 文

尧想要把天下让给许由,对他说:"日月都出来了,而火烛还不熄灭,它要和日月争辉,这不是很难吗?适时之雨已经普降,而人们还在汲水灌田,这对于禾苗的滋润,岂不是多此一举吗?倘若您登上大位,天下就会安定,而我还在占着您的位子,自己感到太不够格了。请让我把天下交给您吧。"

许由说:"您治理天下,天下已经得到了治理,这时还让我来代替您,我将要求名吗?名这东西,不过是实的附庸,难道我将要充当附庸?鹪鹩在茂林中筑巢,只需占用一根树枝就够了;偃鼠到河边饮水,只不过喝饱肚皮就够了。您请回吧!我要天下做什么呢?厨师虽然不尽职守,主祭的人不会替他去烹调。"

原 文

肩吾问于连叔曰①:"吾闻言于接舆②,大而无当,往而不返。吾惊怖其言,犹河汉而无极也,大有径庭③,不近人情焉。"

连叔曰:"其言谓何哉?"

"曰:'藐姑射之山④,有神人居焉。肌肤若冰雪,绰约若处子⑤;不食五谷,吸风饮露;乘云气,御飞龙,而游乎四海之外;其神凝⑥,使物不疵疠而年谷熟⑦。'吾以是狂而不信也⑧。"

连叔曰:"然,瞽者无以与乎文章之观⑨,聋者无以与乎钟鼓之声。岂唯形骸有聋盲哉?夫知亦有之。是其言也⑩,犹时女也⑪。之人也⑫,之德也,将旁礴万物以为一⑬,世蕲乎乱⑭,孰弊弊焉以天下为事⑮!之人也,物莫之伤,大浸稽天而不溺⑯,大旱金石流、土山焦而不热。是其尘垢秕糠⑰,将犹陶铸尧、舜者也,孰肯以物为事!"

注 释

①肩吾、连叔:皆为虚构人物。

②接舆:陆通,字接舆,楚国狂士,隐居不仕。

③径庭：指差别很大，相距甚远。径，门外路。庭，堂前地。

④藐姑射：传说中的神山。

⑤绰约：轻柔安逸的样子。处子：处女。

⑥神凝：精神内守，凝聚专一。

⑦疵疠：恶病，指灾害。

⑧狂：通"诳"，谎言。

⑨瞽者：眼瞎的人。与乎：与之，参与其中。指观赏活动。文章：色彩纹路。

⑩是其言：指上面所说"岂唯形骸有聋盲哉？夫知亦有之"的话。是，此。

⑪时：通"是"。女：同"汝"，指肩吾。

⑫之人：指神人。

⑬旁礴：混同。

⑭蕲：期求。乱：治。作"动乱"解也通。

⑮弊弊：操劳的样子。

⑯大浸：大水。稽：至。

⑰尘垢秕糠：庄子认为道在万事万物之中，此指道之粗者。

译 文

肩吾向连叔问道："我从接舆那里听到的，尽是不切实际的大话，说出口收不回来的话。我惊骇他的言论，犹如天上的银河那样漫无边际，与常人的认识相差悬殊，不合世情。"

连叔说："他说了什么话呢？"

肩吾说："他说：'藐姑射山上，住着一位神人，肌肤像冰雪一样洁白清透，容态轻柔婉约如同处女；不吃五谷杂粮，只是吸风饮露；乘着云气，驾着飞龙，遨游于四海之外；她的精神凝聚专一，能够使万物不受灾害，五谷丰登。'我听了这些话，所以认为纯属诳言而根本不信。"

连叔说："当然啦，瞎子无法让他和别人一样观赏花纹的美丽，聋子无法让他和别人一样聆听钟鼓的乐音。岂止形体上有聋有瞎呢？人的心智也有啊。上述的话，也是针对你而言呀。那个神人啊，她的德性，将要混同万物，浑如一体，世人期望世间得到治理，但是有谁愿意劳劳碌碌去管世间的俗事呢！这样的人，万物不能伤害她，洪水滔天也不可能淹没她，酷暑大旱使金石熔化、土山枯焦，也不能让她感到炽热。她扬弃的尘垢糟糠，都能造就像尧、舜那样的伟人，她怎么肯把俗间杂物当回事呢！"

宋人资章甫而适诸越①，越人断发文身，无所用之。

尧治天下之民，平海内之政，往见四子藐姑射之山②，汾水之阳③，窅然丧其天下焉④。

①资：货，贩卖。章甫：殷代时的一种礼帽。因宋人是殷人的后代，所以保存了殷人的旧俗。诸越：也作"於越"，越人的自称。

②四子：指王倪、啮缺、被衣、许由，为作者虚拟的神人。

③汾水：今汾水在山西省境内，黄河的支流。阳：山南水北为阳面。

④窅然：怅然若失的样子。

宋国人到越国去贩卖礼帽，越国人习惯剪掉头发，身刺花纹，根本就用不上它。

尧一心治理天下的百姓，安定海内的政事，前往藐姑射山上，汾水的北面，拜见四位得道之人，不禁怅然若失，忘掉了自己的天子之位。

原文

惠子谓庄子曰:"吾有大树,人谓之樗①。其大本拥肿而不中绳墨②,其小枝卷曲而不中规矩。立之涂,匠者不顾。今子之言,大而无用,众所同去也。"

庄子曰:"子独不见狸狌乎③?卑身而伏,以候敖者④;东西跳梁⑤,不辟高下⑥;中于机辟⑦,死于罔罟⑧。今夫斄牛⑨,其大若垂天之云,此能为大矣,而不能执鼠。今子有大树,患其无用,何不树之于无何有之乡,广莫之野,彷徨乎无为其侧⑩,逍遥乎寝卧其下?不夭斤斧,物无害者,无所可用,安所困苦哉!"

注释

①樗:落叶乔木,有臭味,木质粗劣。

②拥肿:指木瘤集结。拥,同"痈",肿。绳墨:木匠用来取直的墨线。

③狸:野猫。狌:黄鼠狼。

④敖者:指遨游的小动物。敖,游玩,出游。

⑤跳梁:又写作"跳踉""跳浪",跳跃,腾跳。

⑥辟:躲避,避开。此义现写作"避"。

⑦机辟:泛指捕兽的工具。

⑧罔:同"网"。"网"(網)是后起字。罟:网。

⑨斄牛:牦牛。

⑩彷徨:徘徊,悠游自适。

译文

惠子对庄子说:"我有一棵大树,人们称它为樗树。它的树干长满木瘤而不符合绳墨的要求,它的小枝弯弯曲曲也不合规矩。它长在路边,匠人们不屑一顾。而今你的言论,大而无用,众人都远离而去了。"

庄子说："你难道就没见过野猫和黄鼠狼吗？它们趴伏着身子，等候出游的小动物；它们东蹿西跳，不避高低；往往陷入机关，死于罗网之中。再看那牦牛，庞大的身躯就像天边的云，它的能力大极了，却不会捕捉老

鼠。现在你有这么一棵大树，却愁它无用，为什么不把它种植在虚无的乡土、广漠的旷野，悠闲自在地徘徊在大树的旁边，怡然自得地睡卧在大树的下面呢？它不会遭到斧头的砍伐而夭折，没有什么东西去伤害它，它的无所可用，哪里还会招来困苦呢！"

齐物论

原文

非彼无我①，非我无所取。是亦近矣，而不知其所为使。若有真宰②，而特不得其眹③。可行已信，而不见其形，有情而无形④。

百骸、九窍、六藏⑤，赅而存焉，吾谁与为亲？汝皆说之乎⑥？其有私焉⑦？如是皆有为臣妾乎？其臣妾不足以相治乎？其递相为君臣乎？其有真君存焉⑧！如求得其情与不得，无益损乎其真。

一受其成形，不亡以待尽。与物相刃相靡，其行尽如驰而莫之能止⑨，不亦悲乎？终身役役而不见其成功⑩，苶然疲役而不知其所归⑪，可不哀

邪！人谓之不死，奚益！其形化，其心与之然，可不谓大哀乎？人之生也，固若是芒乎[12]？其我独芒，而人亦有不芒者乎？

夫随其成心而师之[13]，谁独且无师乎？奚必知代而心自取者有之[14]？愚者与有焉！未成乎心而有是非，是今日适越而昔至也[15]。是以无有为有。无有为有，虽有神禹且不能知，吾独且奈何哉！

注释

①彼：指以上种种情态。

②真宰：身心的主宰。

③特：独。眹：通"朕"，征兆。

④情：实。

⑤百骸：众多骨节。九窍：指双目、双耳、双鼻孔、口、尿道和肛门。六藏：心肝、脾、肺、肾称为五脏。肾有二，故又称六脏。藏，今写作"脏"。

⑥说：同"悦"。

⑦其：抑或，还是。私：偏爱。

⑧真君：与"真宰"同义，真心，真我。

⑨行尽：走向死亡。一说"尽"通"进"，亦通。

⑩役役：奔忙劳碌的样子。

⑪苶然：疲倦的样子。

⑫芒：茫昧，昏庸，糊涂。

⑬成心：成见，偏见。师：取法。

⑭知代：谓了解事物发展的更替变化。心自取者：指心有见识的人。

⑮今日适越而昔至：这话原是惠子的论说，意在泯灭今昔之分（详见《天下篇》"惠施多方"一节）。而这里则是借此话说明，如果成心在昔日已经形成，那么今日的是非不过是昔日是非的表现而已。

译 文

　　没有那些情态就没有我自己，没有我自己，那些情态也就无从显现。这样的认识也算接近于道了，但不知是谁主使的。好像有个真宰主使这种关系，然而却看不到它的端倪。我们可以从它的行为结果上得到验证，虽然看不见它的形体，但它是真实存在而本无形迹的。

　　百骸、九窍和六脏，都完备地存在我的身上，我究竟和哪一部分最亲近呢？你都喜欢它们吗？还是有所偏爱呢？如果是同样喜欢它们，都把它们视为臣妾吗？把它们都当做臣妾，它们之间就不能由哪一个来统治吗？还是轮换着做君臣呢？或许有"真君"来主宰呢！无论能否获得"真君"的真实情况，这都不可能减损或增益它的本然真性。

　　世人一旦禀受成为人体，虽然不至于马上死亡，却也在衰耗中坐等死神的光临。人们与外物相互伤害，相互磨擦，在死亡的道路上奔驰着而无法止步，这不是很可悲吗？终生奔忙劳碌却不见成功，疲惫困顿却不知前途，这不是很可哀嘛！这样的人就算不死，又有什么益处！人的形骸不断地衰竭老化，人的精神也随着消亡，这难道不是最大的悲哀吗？人的一生，本来就如此昏昧吗？还是只有我一个人昏昧，而别人也有不昏昧的呢？

　　如果依据个人的成见作为判断事物的标准，那么有谁没有这个标准呢？又何必一定要懂得事物发展变化之理的智人才有呢？愚人也同样会有的！如果说心中尚无成见时就已经先有了是非，那就好像今天去越国而昨天就到了一样可笑。这种说法是把没有当做有。如果把没有的当做有的，就是神明的大禹尚且搞不清，我又有什么办法呢！

原 文

　　夫言非吹也①。言者有言，其所言者特未定也②。果有言邪？其未尝有言邪？其以为异于鷇音③，亦有辩乎④？其无辩乎？

　　道恶乎隐而有真伪？言恶乎隐而有是非？道恶乎往而不存？言恶乎存

而不可？道隐于小成⑤，言隐于荣华⑥，故有儒墨之是非，以是其所非而非其所是。欲是其所非而非其所是，则莫若以明⑦。

注释

①言非吹：言论和风吹窍穴不同，言论出于成见，风吹窍穴纯属自然。

②特未定：指不能作为是非的标准。

③鷇音：幼鸟将破壳而出时发出的。此声无成见辨别。

④辩：通"辨"，区别。

⑤小成：局部的片面的成就或认识。

⑥荣华：浮夸粉饰之辞。

⑦明：指用洞彻之心去观照事物，以明于大道。

译文

言论并不像风吹洞穴而发声那样出于自然。说话的人各持一家的言词，他们所说的话并不能确定为是非的依据。他们果真有自己的言论吗？还是不曾有过自己的言论呢？他们都认为自己的言论有异于刚破壳而出的小鸟的鸣声，这其中有区别吗？还是根本没有区别呢？

大道为什么隐晦不明而有真伪呢？至言为什么隐晦不明而有是非呢？大道本是无处不在的，为什么往而不存呢？至言本是无处不可的，为什么存而不可呢？大道被一孔之见隐蔽了，至言被浮华之词隐蔽了，所以产生了像儒家墨家之类的是非争辩，他们各以对方所否定的为是，各以对方所肯定的为非。如果肯定对方所否定的而否定对方所肯定的，则不如以空明的心境去观照事物的本源。

原文

物无非彼，物无非是①。自彼则不见，自是则知之②。故曰：彼出于是，是亦因彼，彼是方生之说也③。虽然，方生方死，方死方生④；方可方不

14

少年读庄子

可⑤，方不可方可；因是因非，因非因是⑥。是以圣人不由而照之于天⑦，亦因是也。是亦彼也，彼亦是也。彼亦一是非，此亦一是非。果且有彼是乎哉？果且无彼是乎哉？彼是莫得其偶⑧，谓之道枢⑨。枢始得其环中⑩，以应无穷。是亦一无穷，非亦一无穷也。故曰：莫若以明。

注 释

①是：此。下同。

②自是：原作"自知"。

③方生：并生，指彼与此的概念相依相对一起产生。

④方生方死，方死方生：这是惠施的命题，揭示了生与死的对立统一关系，认为事物是可以互相转化的。但在论述中忽略了事物发展过程中的相对稳定性和转化的必要条件，因而带有较大的局限性。

⑤可：即"是"。不可：即"非"。

⑥因是因非，因非因是：谓是非相因果而生，有因为而是的，就有因为而非的；反过来也是一样。

⑦不由：指不取彼此是非之途。天：自然。

⑧偶：匹偶，指对立关系。

⑨道枢：道的枢纽，道的关键。

⑩环中：指环圈。

译 文

万事万物没有不是彼方的，万事万物也没有不是此方的。从彼方来观察此方就看不见此方的实际，从此方来了解自己就知道了。所以说，事物的彼方是由对立的此方而产生的，事物的此方也因对立的彼方而存在，彼与此的概念是一并产生一并存在的。虽然如此，万事万物都是随着生就随着灭，随着灭就随着生；刚认为可以时而不可以的念头已经萌生，刚认为不可以时而可以的念头已经萌生；有因而认为是的就有因而认为非，有因

而认为非的就有因而认为是，是与非皆因对方的相互依存关系而产生。所以圣人不走这条是非分辨的路子，而是用天道去观照事物的本原，也就是顺应事物的自然发展。此也就是彼，彼也就是此。彼有彼的是非，此有此的是非，果真有彼与此的分别吗？果真没有彼与此的分别吗？如果超脱了彼与此、是与非的对立关系，就叫掌握了大道的枢要。掌握了大道的枢要，就好比开始进入圆环之上，可以应对无穷的变化。用是非的观点分辨事物，是的变化无穷尽，非的变化也是无穷尽。所以说，不如以空明的心境去观照事物的本原。

原文

以指喻指之非指，不若以非指喻指之非指也；以马喻马之非马，不若以非马喻马之非马也[1]。天地一指也，万物一马也。

可乎可，不可乎不可。道行之而成，物谓之而然。恶乎然？然于然。恶乎不然？不然于不然。物固有所然，物固有所可。无物不然，无物不可。故为是举莛与楹[2]，厉与西施[3]，恢诡憰怪[4]，道通为一。

注释

①"以指喻指"四句：陈鼓应《庄子今注今译》："'指''马'是当时辩者辩论的一个重要主题，尤以公孙龙的指物论和白马论最著名。庄子只不过用'指''马'的概念作喻说，原义乃在于提醒大家不必斤斤计较于彼此、人我的是非争论，更不必执着于一己的观点去判断他人。"

②莛：草茎。楹：房柱。

③厉：癞病。这里指丑女。

④恢：读作"诙"，诙谐。诡：变诈，诡变。憰：谲诈。怪：怪异。
以上四字均指形形色色的社会现象。

译文

用手指来说明手指不是手指，不如用非手指来说明手指不是手指；用
白马来说明白马不是马，不如用非白马来说明白马不是马。从道通为一、
万物浑然一体的观点来看，天地无非一指，万物无非一马，没有什么区别。

人家认可的我也跟着认可，人家不认可的我也跟着不认可。道路是人
们走出来的，事物的称谓是人们叫出来的。为什么说是这样的？它原本是
这样的，所以人们就认为是这样的。为什么说不是这样的？它原本不是这
样的，所以人们就认为不是这样的。事物原本就有这样的道理，事物原本
就有可以的原因。没有什么事物不是，也没有什么事物不可。所以就像草
茎与房柱、丑女与西施，以及世上诸如诙诡谲怪的种种奇异现象，从大道
的观点来看，都是浑然一体的。

原文

其分也，成也；其成也，毁也。凡物无成与毁，复通为一。唯达者知
通为一，为是不用而寓诸庸①。（庸也者，用也；用也者，通也；通也者，
得也。适得而几矣②。）因是已③。已而不知其然，谓之道。劳神明为一，
而不知其同也，谓之"朝三"。何谓"朝三"？狙公赋芧④，曰："朝三而暮
四。"众狙皆怒。曰："然则朝四而暮三。"众狙皆悦。名实未亏，而喜怒
为用，亦因是也。是以圣人和之以是非，而休乎天钧⑤，是之谓两行⑥。

注释

①为是：为此。不用：指不用固执常人的成见。寓诸庸：寄于事物的
功用上。

②"庸也者"七句：这七句二十字疑为注文掺入，依严灵峰说当删
去，现保留，不作译注。

③因：任由，随顺。

④狙公：养猴的老人。赋芋：分发橡子。

⑤休：止。天钧：即天均，自然的均衡。

⑥两行：指对立之双方，如物我、内外等各得其所。

万物有分必有成，有成必有毁。所以从总体上说，万物根本就不存在所谓的完成和毁灭，始终是浑然一体的。只有通达之人才可能懂得万物浑然相通的道理，为此他们不用固执常人的成见，而寄托在万物的各自功用上。这就是随顺事物的自然罢了。随顺自然而不知所以然，这就叫做"道"。辩者们竭尽心力去追求一致，却不知道万物本来就是混同的，这就是所谓的"朝三"。什么叫做"朝三"呢？有一个养猴的老人，他给猴子们分橡子，说："早晨三升，晚上四升。"众猴子听了很生气。老人改口说："那么就早晨四升而晚上三升吧。"众猴子听了都高兴起来。橡子的名称和实际数量都不曾增损，而猴子们的喜怒却因而不同，这里养猴老人不过是顺从猴子们的主观感受罢了。所以圣人混同于是是非非，而任凭自然均衡，这就是物我并行，各得其所。

原　文

古之人，其知有所至矣①。恶乎至？有以为未始有物者，至矣，尽矣，不可以加矣！其次以为有物矣，而未始有封也②。其次以为有封焉，而未始有是非也。是非之彰也，道之所以亏也。道之所以亏，爱之所以成③。果且有成与亏乎哉？果且无成与亏乎哉？有成与亏，故昭氏之鼓琴也④；无成与亏，故昭氏之不鼓琴也。昭文之鼓琴也，师旷之枝策也⑤，惠子之据梧也⑥，三子之知几乎皆其盛者也，故载之末年⑦。唯其好之也以异于彼，其好之也欲以明之。彼非所明而明之，故以坚白之昧终⑧。而其子又以文之纶终⑨，终身无成。若是而可谓成乎，虽我亦成也；若是而不可谓成乎，物与我无成也。是故滑疑之耀⑩，圣人之所图也⑪。为是不用而寓诸庸，此之谓"以明"。

注　释

①古之人：指古时的得道者。知：同"智"。至：至极，极高境界。

②封：疆域，界限。

③爱：指偏爱，偏好。

④故：则。昭氏：姓昭，名文，善弹琴。

⑤师旷：春秋时晋平公的乐师，精于音律。枝策：举杖，指举杖敲击乐器。

⑥惠子：惠施。据梧：依靠着梧树，指惠施坐在树边参加辩论。

⑦载：事，从事。末年：晚年。

⑧坚白：战国时期有"坚白同异"之争，公孙龙主张"离坚白"，即认为石头的坚硬和白色只能分别由触觉和视觉才感受到，所以是分离的；以墨子为首的一派则主张"盈坚白"，认为坚硬与白色同为石头属性，所以是不可分离的。

⑨纶：琴瑟的弦，代指弹琴。

⑩滑疑之耀：迷惑人心的炫耀。滑，乱。

⑪图：除，摒弃。

译　文

古时候那些得道的人，他们的智慧达到了极高的境界。是怎样的极高境界呢？他们的视野追究到了宇宙的本初，认识到原始本无万物的存在，这种认识可谓深刻透彻极了，达到最高境界，无以复加了！在认识上稍差一等的人，他们认为万物是现实存在的，探究它却并不严加区别界定。再次一等的人，认为事物有了分别界限，但并不计较是非。是非观念的显现，大道也就有了亏损。大道的亏损，这是由于个人的偏好所造成的。天下的万事万物，果真有所谓的成就和亏损吗？还是果真没有所谓的成就和亏损呢？有成就和亏损，好比昭文的弹琴；没有成就和亏损，好比昭文的不弹琴。昭文的弹琴，师旷的击乐，惠子的倚树争辩，他们三个人的技艺智慧，都称得上最高超的了，所以他们一直从业到晚年。这三个人自以为自己的所好不同于别人，便想用自己的所好去教诲明示他人。惠子并非真正明道，而却用自以为的明理去明示他人，所以陷于"坚白同异"的偏蔽昏昧中，终身不拔。而昭文之子又终身从事昭文弹琴的事业，以致终生没有什么成就。如果像这个情况可以算做成就的话，那么像我这样的人也应算为有成就的。如果这样子不能算有成就的话，那么外物与我都无所成就。所以对于迷乱世人的炫耀，圣人总是要摒弃的。所以圣人不用个人的一孔之见、一技之长夸示于人，而寄托在事物自身的功用上，这就叫做"以明"。

原 文

今且有言于此，不知其与是类乎？其与是不类乎？类与不类，相与为类，则与彼无以异矣。虽然，请尝言之。有始也者①，有未始有始也者，有未始有夫未始有始也者。有有也者，有无也者②，有未始有无也者，有未始有夫未始有无也者。俄而有无矣，而未知有无之果孰有孰无也。今我则已有谓矣，而未知吾所谓之其果有谓乎？其果无谓乎？

天下莫大于秋豪之末，而大山为小③；莫寿于殇子④，而彭祖为夭。天地与我并生，而万物与我为一。既已为一矣，且得有言乎？既已谓之一矣，且得无言乎？一与言为二，二与一为三。自此以往，巧历不能得⑤，而况其凡乎！故自无适有⑥，以至于三，而况自有适有乎！无适焉，因是已！

注 释

①有始也者：宇宙有个开始。

②"有有也者"二句：宇宙万物之初，有"有"的东西，也有"无"的东西。"有""无"的辩证观念始于《老子》。

③"天下"二句：豪，同"毫"。大山，即泰山。

④殇子：夭折的婴儿。

⑤巧历：善于计算的人。

⑥适：至，推算。

译文

现在在这里说的话，不知道与其他论者属于同一类呢？还是属于不同的一类？无论是同类还是不同类，既然彼此都是说话，那就与其他的论者没有什么不同了。虽然如此，还是让我试着说一说。宇宙万物有个"始"，也有个未曾开始的"始"，更还有个未曾开始的未曾开始的"始"。宇宙万物的始初，有自己的"有"，也有自己的"无"，还有未曾有"无"的"无"，更有未曾有那未曾有的"无"。突然间产生了"有"和"无"，然而不知这个"有"和"无"，果真是不是"有"和"无"。现在我已经有了说法，但不知我的说法果真有说法呢？还是果真没有说法？

天下没有比秋毫的末端更大的东西，而泰山却是小的；没有比夭折的婴儿更长寿的人，而彭祖却是短寿的。天地和我共同生存，而万物与我浑然一体。既然已经浑然一体了，还要有我的言论吗？既然已经说了"浑然一体"了，还能说我没有言论？万物一体加上我的言论就成了"二"，"二"再加上"一"就成了"三"。如此反复计算下去，就是精于计数的专家也不能得出最终的数目，更何况凡人呢！从"无"到"有"已经推至到三，何况从"有"到"有"呢！不必再推算下去了，还是顺应自然吧！

原文

　　夫道未始有封，言未始有常，为是而有畛也①。请言其畛。有左有右，有伦有义②，有分有辩，有竞有争，此之谓八德。六合之外③，圣人存而不论；六合之内，圣人论而不议；春秋经世先王之志④，圣人议而不辩。故分也者，有不分也；辩也者，有不辩也。曰：何也？圣人怀之⑤，众人辩之以相示也。故曰：辩也者，有不见也。

　　夫大道不称，大辩不言，大仁不仁，大廉不嗛⑥，大勇不忮⑦。道昭而不道，言辩而不及，仁常而不成，廉清而不信，勇忮而不成。五者无弃而几向方矣⑧！故知止其所不知，至矣。孰知不言之辩，不道之道？若有能知，此之谓天府⑨。注焉而不满，酌焉而不竭，而不知其所由来，此之谓葆光⑩。

注释

　　①为是而有畛：为了一个"是"字而有了界限。畛，界限。

　　②伦：次序。义：通"仪"，仪则。

　　③六合：天、地和东、西、南、北四方。

　　④春秋经世先王之志：应作"春秋先王经世之志"。春秋，泛指史书。志，记载。

　　⑤怀之：不分不辩，涵容于心。

　　⑥嗛：按李勉说，原字当为"廉"字，后人误改。一说嗛，与"赚"同，谓崖岸，亦通。

　　⑦忮：害，伤害。

　　⑧无弃：二字原作"园"，据奚侗之说，依《淮南子·诠言》引文改。方：道。

　　⑨天府：自然的城府，指心胸广阔，包容一切。

　　⑩葆光：包藏光明而不外露。

译文

　　大道原本没有人为的界限，至言原本没有固定的框框，只是为了争得一个"是"字而妄加了许多界限。请让我说说这界限吧。如划分了左与右，次序与等级，分别与辩论，竞言与争锋，这就是世俗所谓的八种才能。其实，天地四方之外的事，圣人是随它存在而不加谈论；天地四方之内的事，圣人只是谈论它而不加评论；对于古史中先王治理世事的记载，圣人只是评论它而不去辩解。所以天下的事理，有去分别的，就有不去分别的；有去辩论的，就有不去辩论的。这是为什么呢？圣人不争不辩，虚怀若谷，而众人却热衷于争辩，以此夸耀于世间。所以说：辩论的存在，必有眼界看不到的地方。

　　大道是不可称谓的，大辩是不用言语的，大仁者是不自言自己仁慈的，大廉者是不自言自己廉洁的，大勇者是不伤害人的。道一旦说得明明白白也就不是大道了，言语再辨析周详也有所不及，仁爱经常普及也就不能保全了，廉洁过于清纯人家也就不信了，勇敢达到伤人的地步也就不是真正的勇敢了。这五个方面遵行不弃那就差不多接近于大道了！所以说，一个人的智能能够止于所不知的境地，这就是极点了。谁知道不用言辞的辩论、不用称说的大道呢？如果有人能够知道，他就可以称为天然的府库了。在这里无论注入多少也不会满溢，无论索取多少也不会枯竭，人们不知道它的源头在哪里，这就叫做潜藏不露的光明。

原文

　　故昔者尧问于舜曰："我欲伐宗、脍、胥敖①，南面而不释然②。其故何也？"

　　舜曰："夫三子者，犹存乎蓬艾之间。若不释然③，何哉？昔者十日并出，万物皆照，而况德之进乎日者乎④！"

注释

　　①宗、脍、胥敖：三个小国名，虚拟之名。

②南面：君位，指临朝听政。释：放。

③若：汝，你，指尧。

④进乎：胜于。

译文

从前尧问舜说："我打算讨伐宗、脍、胥敖这三个小国，每当临朝，心里总是放不下。这是什么原因呢？"

舜说："这三个小国的国君，犹如生存在蓬蒿艾草中一样，你还不放心，问题在哪里呢？过去听说有十个太阳同时出现，普照万物，何况人的道德应当超过太阳的光辉呢！"

原文

啮缺问乎王倪曰①："子知物之所同是乎②？"

曰："吾恶乎知之！"

"子知子之所不知邪？"

曰："吾恶乎知之！"

"然则物无知邪？"

曰："吾恶乎知之！虽然，尝试言之：庸讵知吾所谓知之非不知邪③？庸讵知吾所谓不知之非知邪？且吾尝试问乎女：民湿寝则腰疾偏死④，鳅然乎哉？木处则惴栗恂惧⑤，猨猴然乎哉？三者孰知正处？民食刍豢⑥，麋鹿食荐⑦，蝍蛆甘带⑧，鸱鸦耆鼠⑨，四者孰知正味？猿猵狙以为雌⑩，麋与鹿交，鳅与鱼游。毛嫱丽姬⑪，人之所美也；鱼见之深入，鸟见之高飞，麋鹿见之决骤⑫，四者孰知天下之正色哉？自我观之，仁义之端，是非之涂，樊然淆乱⑬，吾恶能知其辩！"

啮缺曰："子不知利害，则至人固不知利害乎？"

王倪曰："至人神矣！大泽焚而不能热，河汉沍而不能寒⑭，疾雷破山、飘风振海而不能惊。若然者，乘云气，骑日月，而游乎四海之外，死生无变于己，而况利害之端乎！"

注 释

①啮缺、王倪：皆为虚拟人物。

②同是：共同标准，共同认可。

③庸讵：怎么，哪里。庸，安，何。讵，何。

④偏死：半身瘫痪。

⑤惴栗：惊恐得发抖。惴慄：恐惧，害怕。

⑥刍豢：指家畜。食草者谓刍，食谷者谓豢。

⑦荐：美草。

⑧蝍蛆：蜈蚣。甘：甘美，可口。带：蛇。

⑨鸱：猫头鹰。耆：通"嗜"，爱好。

⑩猵狙：猿猴的一种。

⑪毛嫱、丽姬：皆为古代美女。一说"丽姬"当为"西施"，因涉下"丽之姬，艾封人之子"而误改。

⑫决骤：疾奔。决，疾走不顾。

⑬樊然淆乱：纷然错乱。淆，错杂。

⑭河汉：泛指江河。河，黄河。汉，汉水。沍：冻结。

译 文

啮缺问王倪："你知道万物都有共同之处吗？"

王倪说："我怎么会知道呢？"

"你知道你所不知道的原因吗？"

"我怎么会知道呢！"

"那么天下万物就无法知道了吗？"

"我怎么会知道呢！虽然如此，姑且让我说说看：何以知道我所说的'知道'不是'不知道'呢？何以知道我所说的'不知道'不是'知道'呢？我且问问你：人们睡在潮湿的地方，腰部就要患病，并致半身不遂，莫非泥鳅也会这样吗？人们呆在树枝上就会惊恐不安，莫非猿猴也会

内
篇

25

这样吗？人、泥鳅和猿猴，这三种动物究竟谁知道居住在什么地方才是最合适的呢？人们吃家畜的肉，麋鹿吃美草，蜈蚣爱吃小蛇，猫头鹰和乌鸦喜欢吃老鼠，这四类动物究竟谁知道吃什么样的食物才算是真正的美味佳肴呢！雌猿与猵狙成为配偶，麋与鹿交合，泥鳅与鱼配对。毛嫱和丽姬，这是世人所羡美的；然而鱼见了就会深入水里，鸟见了就会高飞天空，麋鹿见了就会急速逃走，这四种动物到底有谁知道天下什么样的美色才是真正的美色呢？依我看来，那些仁义的头绪，是非的途径，错综杂乱，我怎么会知道它们之间的分别呢？"

啮缺说："你不管世间的利害，难道至人原本也不顾世间的利害吗？"

王倪说："至人太神妙了！林薮焚烧不能让他感到炎热，江河冻结不能让他感到寒冷，就是雷电劈山、狂风掀海也不能让他感到惊恐。像这样的至人，乘着云气，骑着日月，遨游于四海之外，生死的变化都影响不到他，更何况世间的利害小事呢！"

原　文

瞿鹊子问乎长梧子曰①："吾闻诸夫子②，圣人不从事于务，不就利，不违害，不喜求，不缘道③，无谓有谓④，有谓无谓，而游乎尘垢之外。夫子以为孟浪之言⑤，而我以为妙道之行也。吾子以为奚若⑥？"

长梧子曰："是黄帝之所听荧也⑦，而丘也何足以知之！且女亦大早计，见卵而求时夜⑧，见弹而求鸮炙⑨。

予尝为女妄言之，女以妄听之。奚旁日月⑩，挟宇宙，为其吻合⑪，置其滑涽⑫，以隶相尊？众人役役⑬，圣人愚芚⑭，参万岁而一成纯⑮。万物尽然，而以是相蕴。

予恶乎知说生之非惑邪⑯！予恶乎知恶死之非弱丧而不知归者邪⑰！"丽之姬⑱，艾封人之子也。晋国之始得之也，涕泣沾襟。及其至于王所，与王同筐床⑲，食刍豢，而后悔其泣也。予恶乎知夫死者不悔其始之蕲生乎？

梦饮酒者，旦而哭泣；梦哭泣者，旦而田猎。方其梦也，不知其梦也。梦之中又占其梦焉，觉而后知其梦也。且有大觉而后知此其大梦也⑳。而愚者自以为觉，窃窃然知之㉑。君乎！牧乎㉒！固哉丘也！与女皆梦也！予谓女梦，亦梦也。是其言也，其名为吊诡㉓。万世之后，而一遇大圣，知其解者，是旦暮遇之也。

注 释

①瞿鹊子、长梧子：皆为虚拟人物。

②夫子：指孔子。

③不缘道：无行道之迹（林希逸说）；不践迹而行道（释德清说）。

④谓：言，言语。

⑤孟浪：不着边际，不切实际。

⑥奚若：何如。

⑦听荧：听了疑惑。

⑧卵：指鸡蛋。时夜：司夜，指鸡鸣报晓。时，通"司"。

⑨鸮炙：烤鸮鸟肉。鸮，形似斑鸠，略大。

⑩奚：何不。旁：依傍。

⑪为：与。其：指宇宙万物。

⑫置：任。滑涽：滑乱昏暗。

⑬役役：操劳不息的样子。

⑭愚芚：浑然无知的样子。

⑮参：糅合，调和。万岁：指古今事物。

⑯说：通"悦"。

⑰弱丧：自幼流浪他乡。

⑱丽之姬：即骊姬，晋献公的夫人。

⑲筐床：安适之床，为君主所用。

⑳大觉：彻底觉醒，指圣人。

㉑窈窈然：明察的样子。

㉒牧：牧夫，养马的人。这里指卑贱之人。

㉓吊诡：极其怪异之谈。吊，至。

译文

瞿鹊子问于长梧子，说道："我从孔夫子那里听说过，有人说圣人不去从事世俗的工作，不贪图利益，不去躲避灾害，不喜欢妄求，不经意去符合大道，无言如同有言，有言如同无言，而心神遨游于尘世之外。孔夫子认为这些话都是不着边际的无稽之谈，而我却认为这正是大道的体现。先生你是怎么看的？"

长梧子说："这些话连黄帝听了都要疑惑，何况孔丘呢？他怎么能够理解呢！而且你也操之过早过急，就像刚见到鸡蛋就去追求司晨的公鸡，刚见到弹丸就想吃到烤熟的鸮鸟。

现在我姑且试着说说，你也姑且听听。为什么不依傍着日月，怀抱着宇宙，与万物混合为一体，任其是非殽乱不闻不问，而把世俗上的尊卑贵贱一律等同看待呢？众人忙忙碌碌，圣人浑浑沌沌，他调和古今万事万物而成为一团纯朴。万物都是如此，互相蕴含着归于浑朴之中。

我怎么知道喜欢着就不是一种迷惑呢！我怎么知道讨厌死亡就不是像自幼流落他乡而不知回家那样呢！"丽姬是艾地守封疆人的女儿。当晋国刚得到她的时候，哭得衣服都湿了。等她到了晋献公的王宫里，与君王睡在安适的床上，吃着美味的肉食，这才后悔当初的哭泣。我怎么知道死去的人不会后悔当初的求生呢？

梦中饮酒作乐的人，早晨醒后或许会遇到祸事而哭泣；梦中伤心哭泣的人，早晨醒后或许会高兴地去打猎。当人在梦中，并不知道自己在做梦。有时候在梦中还在做着另一个梦，等觉醒后才知一切都是梦。只有彻底觉醒了的圣人。而后才会知道人生犹如一场大梦。而愚昧的人自以为自己清醒，一副明察秋毫的样子，似乎什么都知道，动不动就'君呀"臣呀'的呼叫。孔丘真是固执浅陋极了！他与你都在梦中啊！我说你在做梦，其实我也在梦中了。我说的这番话，可以称之为奇谈怪论。也许万世之后，有幸遇到一位大圣人，他能了悟这个道理，也就如同在旦暮之间相遇了。

原文

"既使我与若辩矣①，若胜我，我不若胜，若果是也，我果非也邪？我胜若，若不吾胜，我果是也，而果非也邪？其或是也，其或非也邪？其俱是也，其俱非也邪？我与若不能相知也，则人固受其黮暗②，吾谁使正之？使同乎若者正之，既与若同矣，恶能正之？使同乎我者正之，既同乎我矣，恶能正之？使异乎我与若者正之，既异乎我与若矣，恶能正之？使同乎我与若者正之，既同乎我与若矣，恶能正之？然则我与若与人俱不能相知也，而待彼也邪？"

注释

①我：指长梧子。若：汝，你。下同。

②黮暗：暗昧不明。

译文

"假如我和你辩论，你胜了我，我没有胜你，你果然就对吗？我果然就错了吗？假如我胜了你，你没有胜我，我果然就对吗？你果然就错了吗？这其中是有一个人对，有一个人错呢？还是我们两个人都对，或者都错了呢？我和你都无法知道，而别人原本就暗昧不明，我们找谁来判定是非呢？如果让观点和你相同的人来评定，既然他已经和你相同了，怎么能来评定呢？假使请观点和我相同的人来评定，既然他已经和我相同了，怎么能来评定呢？如果让观点和你我都不相同的人来评定，既然他已经跟你我都不相同了，怎么能来评定呢？假使请观点跟你我都相同的人来评定，既然他已经跟你我都相同了，怎么能来评定呢？那么你我和他人都无从知道谁是谁非了，恐怕只有等待造化了吧。"

原　文

"何谓和之以天倪①？

曰："是不是，然不然。是若果是也，则是之异乎不是也亦无辩；然若果然也，则然之异乎不然也亦无辩。化声之相待②，若其不相待，和之以天倪，因之以曼衍③，所以穷年也。忘年忘义，振于无竟④，故寓诸无竟。"

注　释

①天倪：自然的均平。

②化声：是非之辩。

③因：因循，顺应。曼衍：自在的发展变化。

④振于无竟：逍遥于无物之境。振，振动鼓舞，有遨游、逍遥之意。竟，古"境"字，境界。

译　文

"什么叫用自然的天平来调和万事万物呢？"

长梧子说："是便是不是，然便是不然，'是'假如真的是'是'，那么就和'不是'有了区别，这样也就不用辩论了。'然'假如真的是'然'，那么就和'不然'有了区别，这样也就不用辩论了。是是非非变来变去的声音是相对立而存在的，如果要使它们不相对立，就要用自然的天平去调和，任其自在的发展变化，如此便可以享尽天年。忘掉岁月与理义，遨游于无物的境界，这样也就能够托身于无是无非、无穷无尽的天地了。"

原文

罔两问景曰①："曩子行②，今子止；曩子坐，今子起。何其无特操与③？"

景曰："吾有待而然者邪？吾所待又有待而然者邪？吾待蛇蚹蜩翼邪④？恶识所以然？恶识所以不然？"

注释

①罔两：影外之微阴。景：古"影"字，影子。

②曩：从前。

③特：独立。

④蚹：鳞皮。

译文

罔两问影子说："刚才你还在行走，现在你又停止不动了；刚才你还坐着，现在又站了起来。你怎么这样没有独立的意志呢？"

影子回答说："我因为有所依赖才这样的吧？我所依赖的东西又有所依赖才这样的吧？我所依赖的东西就像蛇依赖腹下的鳞皮、蝉依赖于翅膀一样吧？我怎么知道会这样？怎么知道为什么不会这样呢？"

原文

昔者庄周梦为蝴蝶，栩栩然蝴蝶也①。自喻适志与②，不知周也。俄然觉，则蘧蘧然周也③。不知周之梦为蝴蝶与？蝴蝶之梦为周与？周与蝴蝶则必有分矣。此之谓物化④。

注释

①栩栩：形容轻盈畅快的样子。一本作"翩翩"，形容蝴蝶飞来飞去

的样子。

②喻：晓，觉得。适志：快意。与：通"欤"。

③蘧蘧然：僵直的样子。一说悠然自得的样子。

④物化：万物浑然同化。指物我及人我达到无差别的境界。

译文

从前庄周梦见自己变成了蝴蝶，一只轻快飞舞的蝴蝶。他自我感觉非常快意，竟然忘记庄周是谁。突然醒来，自己分明是僵卧床上的庄周。不知道是庄周做梦化为了蝴蝶，还是蝴蝶做梦化为了庄周？庄周与蝴蝶必定是有所分别的。这种现象就叫做物化。

养生主

原文

吾生也有涯①，而知也无涯，以有涯随无涯，殆已②！已而为知者③，殆而已矣！为善无近名，为恶无近刑，缘督以为经④，可以保身，可以全生，可以养亲⑤，可以尽年。

注释

①涯：涯际，界限。

②殆：危险。已：通"矣"。

③已：既，如此。

④缘：循，顺应。督：督脉。人身前的中脉为任脉，人身后的中脉为督脉。任、督二脉为人体奇经八脉的主脉，主呼吸之息。

⑤亲：指真君，即精神。

译 文

　　我们的生命是有限的，而知识是无穷的，以有限的生命去追求无穷的知识，就会陷入困顿之中！既然已经困顿不堪，还要从事求知的活动，那就更加危险了！做了善事不图名声，做了坏事不遭刑害，像气循任、督二脉周流不息一样，遵循中正自然之路，就可以保护身体，可以保全生命，可以养护精神，可以享尽天年。

原 文

　　公文轩见右师而惊曰①："是何人也？恶乎介也②？天与？其人与③？"曰："天也，非人也。天之生是使独也，人之貌有与也④，以是知其天也，非人也。"

　　泽雉十步一啄，百步一饮，不蕲畜乎樊中⑤。神虽王⑥，不善也。

注 释

　　①公文轩：姓公文，名轩，宋国人。右师：官名。此以官职称人。

　　②介：独脚。

　　③其：抑或。

　　④与：赋予。

　　⑤蕲：求。樊：笼。

　　⑥王：通"旺"，旺盛。

译 文

　　公文轩看到右师不禁惊奇地说："这是什么人呢？为什么只有一只脚呢？是天生就该如此呢？还是由于人祸而造成的呢？"想了想自语道："看来这是天意，并非人为。天生此人使他因祸而断足，因为人的形貌是上天赋予的，所以知道他的断足之祸来自上天的处罚，而不是人为的结果。"

　　沼泽中的野鸡走出十步才啄到一口食，走出百步才饮到一口水，但它并不祈求被养在笼子里。在笼中精神虽然旺盛，但并不自由。

原文

老聃死^①，秦失吊之^②，三号而出。

弟子曰："非夫子之友邪？"

曰："然。"

"然则吊焉若此可乎？"

曰："然。始也吾以为其人也，而今非也。向吾入而吊焉^③，有老者哭之，如哭其子；少者哭之，如哭其母。彼其所以会之，必有不蕲言而言，不蕲哭而哭者。是遁天倍情^④，忘其所受，古者谓之遁天之刑^⑤。适来，夫子时也^⑥；适去，夫子顺也。安时而处顺，哀乐不能入也，古者谓是帝之县解^⑦。"

指穷于为薪^⑧，火传也，不知其尽也。

注释

①老聃：即老子，姓李，名耳，字聃，春秋时楚国苦县人，曾任周守藏室的史官。

②秦失：又作"秦佚"，虚拟人物。

③向：刚才。

④遁：失，逃避。倍：通"背"，违背。

⑤刑：规范，道理。

⑥适来：正当来世。夫子：指老聃。时：时运。

⑦帝：天帝。县：通"悬"，倒悬。

⑧同"脂"，指烛薪上的油脂。穷：指燃尽。

译文

老聃死了，秦失前往吊唁，仅仅哭了三声就出来了。

弟子问秦失说："他不是您的朋友吗？"

秦失答道："是的。"

弟子问道："那么这样的吊唁是待朋友之礼吗？"

秦失答道："是的。开始我以为他是个俗人，而现在不这样认为了。刚才我进去吊唁，看见有老年人哭他，如同哭自己的孩子；有少年人哭他，如同哭自己的父母。众人来此一起吊唁老聃，必定有老聃不期望他们称赞而称赞的话，必定有老聃不期望他们哭泣而哭泣的人。这是逃避天意，违背实情，忘记了人之生死寿夭皆禀受于自然，古时候称之为逃避自然的规范。正当该他来时，老聃应运而生；正当该他去时，老聃顺势而死。安心时运，顺变不惊，哀乐的情绪就不会侵入胸中，古时候把这种解脱称为天帝解人于倒悬。"

脂膏作为烛薪有燃尽的时候，火种却流传下去，没有穷尽。

德充符

原　文

鲁有兀者王骀①，从之游者与仲尼相若②。常季问于仲尼曰③："王骀，兀者也，从之游者与夫子中分鲁④。立不教，坐不议，虚而往，实而归。固有不言之教，无形而心成者邪⑤？是何人也？"

仲尼曰："夫子，圣人也。丘也直后而未往耳⑥！丘将以为师，而况不若丘者乎！奚假鲁国⑦，丘将引天下而与从之。"

常季曰："彼兀者也，而王先生⑧，其与庸亦远矣⑨。若然者，其用心也，独若之何？"

仲尼曰："死生亦大矣，而不得与之变；虽天地覆坠，亦将不与之遗⑩；审乎无假而不与物迁⑪，命物之化而守其宗也⑫。"

常季曰："何谓也？"

仲尼曰："自其异者视之，肝胆楚越也；自其同者视之，万物皆一也。

夫若然者，且不知耳目之所宜，而游心乎德之和[13]。物，视其所一而不见其所丧，视丧其足犹遗土也。"

常季曰："彼为己，以其知得其心，以其心得其常心[14]。物何为最之哉[15]？"

仲尼曰："人莫鉴于流水而鉴于止水，唯止能止众止。受命于地，唯松柏独也正，在冬夏青青；受命于天，唯尧、舜独也正，在万物之首。幸能正生[16]，以正众生。夫保始之征[17]，不惧之实，勇士一人，雄入于九军[18]。将求名而能自要者而犹若是[19]，而况官天地、府万物、直寓六骸、象耳目、一知之所知而心未尝死者乎[20]！彼且择日而登假[21]，人则从是也。彼且何肯以物为事乎！"

注 释

①兀者：断足之人。王骀：虚拟人物。

②从之游：跟随他的门徒。相若：相等。

③常季：虚拟人物。

④中分鲁：占鲁国学生的一半。

⑤无形而心成：无形之中心有所获，指潜移默化。

⑥直：只，特。后：落后。

⑦奚假：岂止。

⑧王：胜，超过。

⑨庸：常人。

⑩遗：失，指毁灭，消亡。

⑪审：明悉。无假：无所假借，即无所待。

⑫命：听命，即顺任。守其宗：坚持

原旨。

⑬德之和：道德的浑然一体。

⑭常心：原始本然之心。此心无分别、无好恶作用。

⑮物：外物，包括人。最：聚集，归附。

⑯正生：端正自己的心性。生，通"性"。

⑰保始之征：遵守先前许下的诺言。保，守。征，信，诺言。

⑱九军：天子六军加上诸侯三军，合为九军。这里泛指千军万马。

⑲自要：自我要求，指自好、自求上进。

⑳官：主宰。府：包藏。直：只。寓：寄托。六骸：头、身、四肢合为六骸。这里泛指身体。象耳曰：把耳目看作是一种摆设。象，虚象，形式。一知之所知：把世上的所有认知都混同为一种认识。一，同一。心未尝死者：指未曾丧失常心的人。死，丧失。

㉑择日：指日。登假：飞升，指达到超尘绝俗的精神世界。假，通"遐"，远，高远。

译文

鲁国有一个断了脚的人名叫王骀，跟从他游学的人与跟从孔子游学的人差不多。常季便问孔子："王骀，他是个断了脚的人，跟随他的弟子与您在鲁国的弟子各占一半。他对弟子，立不施教，坐不讲述，可弟子们头脑空空而去，回来却满载而归。莫非真有不用言语的教化，在无形之中得到潜移默化吗？这是一个什么样的人呢？"

孔子说："这位先生，他是个圣人啊。我只是落在后面，还没有来得及去请教罢了！我将拜他为师，何况不如我的人呢！何止鲁国，我将要引领全天下的人去追随他。"

常季说："他是一个断了脚的人，却能超过您，若与平庸之辈相比，恐怕更加深远了。像他这样的人，一旦用起心智来，将会怎么样呢？"

孔子说："死生是件大事吧，却不能改变他的心境；就是天塌地陷，他也不会与天地一起消亡;他洞悉无所待的道理而不随万物变化,听任事物的变化而固守一贯的宗旨。"

常季说:"这是什么意思呢?"

孔子说:"从事物彼此相异的方面去看,肝与胆就像楚国与越国一样遥远;从事物彼此相同的方面去看,万事万物都是一样的。像他这样认识的人,就不会考虑耳目适合什么样的声音和颜色,只求逍遥于无差别无分辨而浑然一体的道德境界中。面对万物,只看到它的浑然一同的方面,那么就看不见其中有什么缺失,所以在他看来,失掉一只脚犹如丢掉一块泥巴一样。"

常季说:"王骀只是修己,用他的真智获得明理之心,再用这个明理之心获得无所分辨的永恒之心,那么众人为什么都归附他呢?"

孔子说:"人们不会在流水中照影子,而是利用静止之水来观照,因为只有静止的水才能留住众人止步观照。植物皆从大地中获得生命,然而只有松柏禀受自然之正气,不分冬夏,枝叶常青;众人皆从上天中获得生命,然而只有尧、舜禀受自然之正气,成为万众的首领。可幸的是他们能够自正性命,因此才可以引导众人匡正性命。为了遵守先前许下的诺言,那些具有无所畏惧品质的勇士,就是独自一人,也敢于闯入千马万马中作战。那些为了求得名誉而能严格要求自己的人尚且如此,何况主宰天地,蕴藏万物,把身体六骸只当做寄托的躯壳,把耳目当做一种象征性的摆设,把世间万般认知视为一回事而未曾丧失常心的人呢?王骀将指日飞升,与大道冥合为一体。这样超尘绝俗的人,众人都愿意追随他,而他岂肯把众人的追随当回事呢!"

原　文

申徒嘉①,兀者也,而与郑子产同师于伯昏无人②。子产谓申徒嘉曰:"我先出则子止,子先出则我止。"其明日,又与合堂同席而坐。子产谓申徒嘉曰:"我先出则子止,子先出则我止。今我将出,子可以止乎?其未邪③?且子见执政而不违④,子齐执政乎?"

申徒嘉曰："先生之门，固有执政焉如此哉？子而说子之执政而后人者也⑤。闻之曰：'鉴明则尘垢不止⑥，止则不明也。久与贤人处则无过。'今子之所取大者⑦，先生也，而犹出言若是，不亦过乎？"

子产曰："子既若是矣⑧，犹与尧争善。计子之德，不足以自反邪？"

申徒嘉曰："自状其过，以不当亡者众；不状其过⑨，以不当存者寡。知不可奈何而安之若命，唯有德者能之。游于羿之彀中⑩。中央者，中地也⑪；然而不中者，命也。人以其全足笑吾不全足者多矣，我怫然而怒⑫，而适先生之所，则废然而反⑬。不知先生之洗我以善邪⑭，吾之自寤邪！吾与夫子游十九年矣，而未尝知吾兀者也。今子与我游于形骸之内⑮，而子索我于形骸之外⑯，不亦过乎！"

子产蹴然改容更貌曰⑰："子无乃称⑱！"

注 释

①申徒嘉：虚拟人物。

②郑子产：春秋时郑国人，名侨，字子产，曾任国相。伯昏无人：虚拟人物。

③其：抑或。

④执政：子产为郑国执政大臣，故自称执政。违：回避。

⑤而：乃。说：同"悦"。后人：看不起人。

⑥鉴：镜子。

⑦取大：求取最大的东西，指老师伯昏无人的道德。

⑧若是：如此，指断足。

⑨状：申辩。过：过错。

⑩羿：尧时的神射手。彀中：射程之内，喻刑网。

⑪中地：箭矢射中的地方，喻在刑网之中。

⑫怫然：脸上变色的样子。

⑬废然：怒气消除的样子。

⑭洗我以善：即"以善洗我"。洗，犹教育。

⑮形骸之内：形体之内的精神世界，指道德。

⑯形骸之外：外貌，指断足之身。

⑰蹴然：惊惭的样子。

⑱子无乃称：你别再说了。乃，同"仍"，复，再。称，称述。

申徒嘉是一个断了脚的人，他和郑子产同是伯昏无人的弟子。子产对申徒嘉说："我若先出去，你就留下；你若先出去，我就留下。"到了第二天，他们又同室同席坐在一起。子产对申徒嘉说："我若先出去，你就留下；你若先出去，我就留下。现在我要先出去，你可以稍留一会儿吗？还是不能呢？你看见我这个执政大臣却不回避，你想把自己当成执政大臣与我平起平坐吗？"

申徒嘉说："先生的门徒弟子，有这样的执政大臣吗？你是得意你的执政地位而瞧不起人吗？听说过这样的格言：'镜子明亮就不会落下灰尘，落上灰尘的就不会明亮。与贤人相处长久就不会犯下过失。'现在你想获取的是伯昏无人先生的道德，却还说出这种话来，不是过错吗？"

子产说："你都这样了，还要和尧争个高低。估量一下你自己的德性，还不够你自我反省吗？"

申徒嘉说："如果让自己申辩自己的过错，认为自己不应当断足的多；虽然不为自己的过错去申辩，但是认为自己不应当存足的人还是很少。知道事情的无可奈何，而能泰然接受，如同接受自然的命运一样，这只有有德的人才能做到。正像我们走进了羿的射程之内。那中心的地方，正是箭矢必中的地方；然而也有不被射中的，那是命运。拿自己齐全的双脚来讥笑我双脚不全的人很多，我听了勃然大怒；等我来到先生的寓所，怒气如烟消云散，又恢复了常态。不知道先生用什么妙法洗净了我的心灵，还是我自己悟出了生命的真谛！我跟随先生修学已经十九年了，先生不曾感觉到我是断了脚的人。现在你和我交往于道德的修养之中，但你却在形貌上来要求我，这不也是过错吗？"

子产惭愧不安地改变了态度，说道："是的，你不必再说了。"

原 文

鲁哀公问于仲尼曰："卫有恶人焉①，曰哀骀它②。丈夫与之处者，思而不能去也；妇人见之，请于父母曰'与为人妻，宁为夫子妾'者，十数而未止也。未尝有闻其唱者也③，常和人而已矣。无君人之位以济乎人之死④，无聚禄以望人之腹⑤，又以恶骇天下，和而不唱，知不出乎四域⑥，且而雌雄合乎前⑦，是必有异乎人者也。寡人召而视之，果以恶骇天下。与寡

人处，不至以月数，而寡人有意乎其为人也；不至乎期年，而寡人信之。国无宰，寡人传国焉⑧。闷然而后应⑨，氾然而若辞⑩。寡人丑乎⑪，卒授之国。无几何也，去寡人而行。寡人恤焉若有亡也⑫，若无与乐是国也⑬。是何人者也？"

注 释

①恶人：指形貌丑陋的人。

②哀骀它：虚拟人物。

③唱：倡导。

④济：救济，挽救。

⑤聚禄：积蓄的钱财。望：月满为望。这里指饱。

⑥四域：四方，指人世。

⑦雌雄：指妇人、丈夫。

⑧传国：授以国政。

⑨闷然：无心的样子。

⑩氾然：漠不关心的样子。氾，同"泛"。

⑪丑：惭愧。

⑫恤焉：忧虑的样子。

⑬若无与乐是国也：即"是国若无与乐也"。是，此，指鲁国。

译　文

　　鲁哀公问孔子说："卫国有个形貌极为难看的人，他的名字叫哀骀它。男人和他相处，想念他而舍不得离开；女人见了他，请求父母说，'与其做别人的妻子，不如做这位先生的妾'，这样的女人已有十几个而不止。不曾听说他有什么倡导，只见他总是应和别人。他没有统治者的权位去挽救人们的死亡，也没有积蓄的钱粮去满足人们的温饱，而且又面貌丑陋得让天下人见了都要震惊，他应和而不领唱，他的智虑不超出人世之外，然而男人女人都来亲近他，这必定有异于常人之处。我把他召来一看，果然见他面貌丑陋得让天下人都震惊。他与我相处，不到一个月，我便感到他为人的可爱之处；不到一年，我便完全信任了他。国家缺宰相，我就要把国事委托给他。他心不在焉地应承，又漫不经心地好像有所推辞。我感到很惭愧，最终把国政授给他。时间不长，他就离开我走了。我很忧闷，就像丢了什么东西，好像在鲁国再也没人能够与我同欢乐了。他到底是怎样的一个人呢？"

原　文

　　哀公曰："何谓才全？"

　　仲尼曰："死生、存亡、穷达、贫富、贤与不肖、毁誉、饥渴、寒暑，是事之变，命之行也①。日夜相代乎前，而知不能规乎其始者也②。故不足以滑和③，不可入于灵府④。使之和豫通而不失于兑⑤，使日夜无隙而与物为春⑥，是接而生时于心者也。是之谓才全。"

注 释

①命：天命，自然。

②知：同"智"，智慧。规：读作"窥"，窥视。

③滑和：扰乱和顺的本性。滑，乱。

④灵府：精神的府宅，指心灵。

⑤和：和顺。豫：豫适。通：通畅。兑：悦。

⑥日夜无隙：日夜都不间断。与物为春：与万物同游于春和之中。

译 文

哀公说："什么叫做天性完美无缺？"

孔子说："像死生、存亡、穷达、贫富、贤与不肖、毁誉、饥渴、寒暑，这都是事物的变化、自然规律的运行。它们日夜相互更替，展现在人们面前，而人们的智力却不能窥见它们的起始。所以这些变化不足以扰乱我们和顺的本性，不能侵入我们的心灵。能使心灵日夜不间断地保持这种真性而与万物同游于春和之气中，这就使心灵在与万物接触中，无时不和谐感应。这就叫做天性完美无缺。"

原 文

"何谓德不形？"

曰："平者，水停之盛也①。其可以为法也，内保之而外不荡也。德者，成和之修也②。德不形者，物不能离也。"

注 释

①盛：至，极。

②成和：成就纯和。

译 文

"什么叫做道德高尚不露呢？"

孔子说："平，这是水极端静止的状态。它可以作为我们取法的标准，内心保持极端静止的状态，那么就能不为外界变化所摇荡。道德这东西，实际上就是成就纯和的修养。道德高尚不露，万物自然亲附不离。"

原 文

哀公异日以告闵子曰①："始也吾以南面而君天下，执民之纪而忧其死，吾自以为至通矣②。今吾闻至人之言，恐吾无其实，轻用吾身而亡其国。吾与孔丘，非君臣也，德友而已矣！"

注 释

①闵子：孔子弟子，姓闵，名损，字子骞。

②至通：非常通达，指明于治道。

译 文

后来哀公把此事告诉了闵子，说："起初，我以国君的地位治理天下，执掌生杀的法纪而忧虑百姓的死亡，我自以为非常明达了。如今我听了至人哀骀它的言论，恐怕我言过其实，只是轻率地动用自己的身心，以致使国家陷于危亡的境地。我和孔子并非是君臣关系，而是以德相交的朋友啊！"

原 文

惠子谓庄子曰："人故无情乎？"

庄子曰："然。"

惠子曰："人而无情，何以谓之人？"

庄子曰："道与之貌，天与之形，恶得不谓之人？"

惠子曰："既谓之人，恶得无情？"

庄子曰："是非，吾所谓情也①。吾所谓无情者，言人之不以好恶内伤其身，常因自然而不益生也②。"

惠子曰："不益生，何以有其身？"

庄子曰："道与之貌，天与之形，无以好恶内伤其身。今子外乎子之神，劳乎子之精，倚树而吟，据槁梧而瞑③。天选子之形④，子以坚白鸣⑤。"

注　释

①是非，吾所谓情也：此二句连读"是非吾所谓情也"亦可。

②因：顺。不益生：不对生命做额外的增益保护。

③槁梧：枯槁的梧桐树。一说指琴，于修辞上讲更顺。瞑：睡眠。

④选：授给。

⑤坚白：即坚白论，战国时名家的著名论题。

译　文

惠子对庄子说："人原本就没有情吗？"

庄子说："是的。"

惠子说："人要是无情，怎么能称为人呢？"

庄子说："自然之道给了人的容貌，天然之理给了人的形体，怎么不能称为人？"

惠子说："既然称为人，怎么能够没有情？"

庄子说："是是非非的分别，这是我所说的情。我所说的无情，是不要因为好恶爱憎之类的情绪损害自己的本性，要经常顺任自然而不是人为地去增益生命。"

惠子说："不用人为的增益生命，怎么能够保存自己的身体？"

庄子说："自然之道已经给了你容貌，天然之理已经给了你形体，加之不以好恶之情损害自己的本性，你还需要做什么呢？现在你放纵自己的精神，使它驰骛在外，耗费你的精力，倚着树干呻吟，靠着干枯的梧桐树打瞌睡。大自然赋予你形体，你却抱着坚白之论争鸣不休。"

大宗师

原　文

　　知天之所为^①，知人之所为者，至矣！知天之所为者，天而生也^②；知人之所为者，以其知之所知^③，以养其知之所不知^④，终其天年而不中道夭者，是知之盛也。虽然，有患。夫知有所待而后当，其所待者特未定也。庸讵知吾所谓天之非人乎？所谓人之非天乎？且有真人而后有真知。

注　释

　　①天：自然。所为：运化，运化的产物。

　　②天而生：谓知道一切都是自然无为的产物。进一步说明只有顺应自然而产生的事物才是天生的而不是人为的。《天地》"无为为之之谓天"，无为而运化是自然的根本属性，与人为的认知指导下所产生的行为相区别。

　　③知之所知：智力所知道的。前一"知"字读作"智"。

　　④知之所不知：智力所不知道的。指一般智力难以知道的自然深层次的规律及生死变化的道理。

译　文

　　知道天道自然运化，也知道人类的主观所为，可称得上是认知的极致了。知道天道运化的自然之理，这是由于顺应自然的道理而得知；知道人类的后天所为，这是用人类智力所能知道的道理，去顺应智力所不能知道的，让自己享尽天年而不至于中途死亡，这也算是智力的极致了。虽然这样说，但是还有问题。认识的正确与否，必须依赖客观对象的验证才能确定，而所依赖的对象却是变化不定的。怎么知道我所说的天道自然不是属于人为呢？所谓的人为不是属于天道自然呢？只有有了真人才可能有真知。

原文

何谓真人？古之真人，不逆寡，不雄成[1]，不谟士[2]。若然者，过而弗悔，当而不自得也。若然者，登高不栗，入水不濡，入火不热。是知之能登假于道者也若此[3]。

注释

①雄：逞强。成：成功。

②谟：谋。士：通"事"。

③登假于道：谓达到大道的境界。假，至。

译文

什么叫真人？古时候的真人，不违逆微少，不自恃成功，不谋虑事情。像这样的人，错过时机而不后悔，正当时机而不自得。像这样的人，登高不发抖，入水不沾湿，入火不觉热。这是他的见识达到了大道的境界才能这样。

原文

古之真人，其寝不梦，其觉无忧，其食不甘，其息深深。真人之息以踵，众人之息以喉。屈服者，其嗌言若哇[1]。其耆欲深者[2]，其天机浅[3]。

注释

①嗌言：堵在咽喉里的话。哇：呕吐。

②耆：同"嗜"。

③天机：自然的根器。

　　古时候的真人，睡觉时不做梦，醒来时不烦忧，饮食不求甘美，呼吸深沉绵长。真人的气息通达脚跟，众人的气息仅存喉咙。争辩中被人屈服的人，他的言语塞在喉头中，就像要呕吐一样难受。凡是嗜欲深的人，他的天然根器就浅薄。

原 文

　　死生，命也①；其有夜旦之常，天也②。人之有所不得与③，皆物之情也。彼特以天为父④，而身犹爱之，而况其卓乎⑤！人特以有君为愈乎己，而身犹死之，而况其真乎⑥！

　　泉涸，鱼相与处于陆，相呴以湿⑦，相濡以沫⑧，不如相忘于江湖。与其誉尧而非桀也，不如两忘而化其道⑨。

　　夫大块载我以形⑩，劳我以生，佚我以老，息我以死。故善吾生者⑪，乃所以善吾死也。夫藏舟于壑，藏山于泽，谓之固矣⑫！然而夜半有力者负之而走，昧者不知也⑬。藏小大有宜，犹有所遁。若夫藏天下于天下而不得所遁，是恒物之大情也⑭。特犯人之形而犹喜之⑮。若人之形者，万化而未始有极也，其为乐可胜计邪？故圣人将游于物之所不得遁而皆存。善妖善老⑯，善始善终，人犹效之，又况万物之所系而一化之所待乎⑰！

注 释

　　①命：自然而不可免者（释德清说）。

　　②天：自然的规律。

　　③与：参与，干预。

　　④彼：人。特：独，仅。

　　⑤卓：卓越。指天道。

　　⑥真：真宰。指大道。

　　⑦呴：吐气。

⑧濡：沾湿。

⑨化其道：同化于大道。

⑩大块：大地，泛指天地。载我以形：倒装句，即"以形载我"，以下三句句法同此。载，托载，寄托。

⑪善吾生：把我的出生视为善事。

⑫固：牢靠。

⑬昧者：愚昧的人。一说"昧"通"寐"，睡。

⑭恒物之大情：万物普遍的至理。指天地万物与道混而为一，不去区分。

⑮犯：通"范"，铸造。一说："犯，犹遇也，遭也。"

⑯妖：通"夭"，少。指生命短。

⑰系：从属，系属。一化：一切变化，大化。待：依赖。"所系""所待"皆指大道。

译 文

人的生死变化是不可避免的命运活动，就像日夜永恒的交替一样，都是自然的规律。对于自然规律，

人们是无法干预的，这都是事物变化的情理。人们把天作为生命之父，而终身敬爱它，更何况派生天地的大道！人们认为国君的势力地位超过了自己，而愿意舍身效忠，更何况主宰万物的大道！

泉水干枯了，鱼儿一同困在陆地上，它们互相吐着湿气滋润着对方，又用唾液沾湿彼此的身体，与其如此，它们宁愿回到江湖中，把彼此都忘掉。与其赞美尧而非难桀，不如把两人的善恶是非都忘掉，而同化于大道之中。

天地赋予我形体以使我有所寄托，给了我生命以使我勤劳，又用衰老让我安逸，最后又用死亡让我安息。所以说把生存看作是好事的，必然把死亡也看作是好事。把船藏在山谷里，把山藏在大泽中，称得上很牢靠

了。然而夜半之时，倘若有造化的大力士把它们背走，愚昧的人是不会知道的。把小的东西藏在大的东西里面，可以说是很合适了，但还是有所亡失。如果把天下隐藏在天下之中是不会亡失的，这是万物普遍的至理。人们一旦获得人的形体就欣然自喜。如果知道人的形体千变万化而没有穷尽，那么这种欣喜岂可数清呢？所以圣人游心于不会亡失的境地而和大道共存。对于乐观安顺地对待和处理生老病死的人，大家尚且效法他，何况对于万物的根源和一切变化所依赖的大道呢？

原　文

夫道有情有信①，无为无形；可传而不可受②，可得而不可见；自本自根，未有天地，自古以固存；神鬼神帝③，生天生地；在太极之先而不为高④，在六极之下而不为深⑤，先天地生而不为久，长于上古而不为老⑥。狶韦氏得之⑦，以挈天地⑧；伏戏氏得之，以袭气母⑨；维斗得之⑩，终古不忒⑪；日月得之，终古不息；堪坏得之⑫，以袭昆仑⑬；冯夷得之⑭，以游大川；肩吾得之⑮，以处大山；黄帝得之，以登云天⑯；颛顼得之⑰，以处玄宫；禺强得之⑱，立乎北极⑲；西王母得之⑳，坐乎少广，莫知其始，莫知其终；彭祖得之，上及有虞，下及五伯㉑；傅说得之，以相武丁，奄有天下，乘东维，骑箕尾，而比于列星㉒。

注　释

①情：实。信：真。

②受：通"授"。

③神鬼神帝：生鬼生帝。神，生，引出。

④太极：指天地未形成以前，阴阳未分的那股浑沌之气。

⑤六极：六合，指天地和四方。

⑥"先天地生而不为久"二句：谓道贯古今，无时不在（陈启天说）。

⑦狶韦氏：传说中的远古帝王。得之：指得到大道。

⑧挈：提挈，整顿。

⑨袭：沿袭，调合。气母：气之母，指元气。

⑩维斗：北斗星。

⑪不忒：不出差错。指不偏离轨道。

⑫堪坏：昆仑山之神。

⑬袭：入。

⑭冯夷：黄河之神。

⑮肩吾：泰山之神。

⑯登云天：指登天成仙。

⑰颛顼：黄帝之孙，又称高阳，古代五帝之一，为北方帝，居玄宫。

⑱禺强：水神。

⑲立乎北极：自立于北海之神。

⑳西王母：传说中的神人。一说为太阴之精，豹尾，虎齿，善笑。常坐西方少广之山，不复生死，莫知所终。

㉑上及有虞，下及五伯：谓从上古虞舜时代活到春秋时期五霸时代。五伯，即五霸：齐桓公、晋文公、秦穆公、楚庄王、宋襄公。

㉒"傅说得之"六句：传说傅说为殷商时代的贤臣。他原是在傅岩做苦工的奴隶，后被殷高宗武丁任用为相，治理天下。传说傅说死后，精神升天，驾驭东维、箕尾两星，并列于众星之中。奄，包括。

译文

大道是真实而有信验的，没有主观的作为，也不留下任何的形迹；它可以心传而不能口授，可以心得而不能目见；它是万物最原始的本根，在没有天地以前，就一直存在着；是它产生了鬼神和上帝，是它产生了天和地；它在混沌之气之前就存在而称不上高远，它在天地四方之下还不算深邃，它早于天地之前就存在还不算久长，它比上古时间还长远而不算老。豨韦氏得到它，用它整顿天地；伏羲氏得到它，用它调合元气；北斗星得到它，用它保障终古不变的运行轨道；日月得到它，用它维持万古运转不停；山神堪坏得到它，就能入主昆仑；河神冯夷得到它，就能巡游黄河大川；肩吾得到它，就能镇守泰山；黄帝得到它，就能登天成仙；颛顼得到它，就能身居玄宫，成为北方之帝；禺强得到它，就能自立于北海之神；西王母得到它，便可安坐少广之山，不复生死，不知始终；彭祖得到它，寿数绵长，上及虞舜，下至春秋五霸；傅说得到它，可以做武丁的宰相，治理全天下，死后驾驭着东维与箕尾两星，遨游于众星之间。

原 文

南伯子葵问乎女偊曰①："子之年长矣，而色若孺子，何也？"

曰："吾闻道矣。"

南伯子葵曰："道可得学邪？"

曰："恶！恶可！子非其人也。夫卜梁倚有圣人之才而无圣人之道②，我有圣人之道而无圣人之才。吾欲以教之，庶几其果为圣人乎！不然，以圣人之道，告圣人之才，亦易矣。吾犹守而告之③，参日而后能外天下④；已外天下矣，吾又守之，七日而后能外物⑤；已外物矣，吾又守之，九日而后能外生⑥；已外生矣，而后能朝彻⑦；朝彻，而后能见独⑧；见独，而后能无古今；无古今，而后能入于不死不生。杀生者不死，生生者不生⑨。其为物，无不将也，无不迎也，无不毁也，无不成也⑩。其名为撄宁⑪。撄宁也者，撄而后成者也。"

南伯子葵曰："子独恶乎闻之？"

曰："闻诸副墨之子⑫，副墨之子闻诸洛诵之孙⑬，洛诵之孙闻之瞻明⑭，瞻明闻之聂许⑮，聂许闻之需役⑯，需役闻之於讴⑰，於讴闻之玄冥⑱，玄冥闻之参寥⑲，参寥闻之疑始⑳。"

注 释

①南伯子葵：虚拟人物。《齐物论》有南郭子綦，《人间世》有南伯子綦。女偊：虚拟的得道人物。

②卜梁倚：虚拟人物。

③守：修守，修持。

④外天下：把天下置之度外，即忘掉天下。外，遗忘。

⑤外物：指忘事。

⑥外生：指忘身、忘我。

⑦朝彻：如朝阳初起时的明彻，指豁然彻悟。

⑧见独：洞见大道。独，指独立而不改的大道。

⑨"杀生者"二句：杀生者和生生者都是指大道，大道本身不存在死亡和诞生的问题。

⑩"其为物"五句：谓作为万物主宰者的道，无时不在送走什么，无时不在迎来什么，无时不在毁灭什么，无时不在成就什么。将，送。

⑪撄宁：动而后静，乱而后定。撄，扰动。

⑫诸：之于。副墨之子：即指文字。副墨，文字。子、孙，皆指流传之意。

⑬洛诵：指诵读、言语。洛，同"络"，反复。文字源于语言。

⑭瞻明：指目见。瞻，见。

⑮聂许：指耳闻。

⑯需役：践行，修行。需，须。役，行。

⑰於讴：咏叹。

⑱玄冥：静默。

⑲参寥：空旷。

⑳疑始：疑似原始，近于本源。

译文

南伯子葵问女偊说:"你的年寿很高了,为什么面色却像孩童一样呢?"

女偊说:"我得道了。"

南伯子葵说:"道可以学到吗?"

女偊说:"不!不可以!你不是学道的那类人。卜梁倚具有圣人的才质却还没有获得圣人的道心。我有圣人的道心而没有圣人的才质。我想教他,或许他真的能够成为圣人吧!就是不能,以圣人之道指导具有圣人之才的人,他的提高也会是很容易的。我继续修持着,然后开始诱导他,三天后,他已能把天下置之脑后;已经遗忘天下了,我继续修持诱导,七天之后,他已能把人事置之度外;已经遗忘人事了,我继续诱导他,九天后,他已能把生死置之度外;已经忘掉自我了,而后心窍豁然彻悟;心窍豁然彻悟了,而后就能洞见独立而不改的道;洞见独立而不改的道了,而后就不再受到古今时间的束缚;不受古今时间的束缚了,而后就能进入无生无死的永恒境地。能够灭亡一切生命的道,它本身不会灭亡;能够产生一切生命的道,它本身不存在产生的问题。道对于天下万物,无所不送,无所不迎,无所不毁,无所不成,这就叫做'撄宁'。'撄宁'的意思,就是动而后静,乱而后定。"

南伯子葵说:"你从哪里学到的道呢?"

女偊说:"我从文字那里得到的,文字是从语言那里得到的,语言是从目见那里得到的,目见是从耳闻那里得到的,耳闻是从修持那里得到的,修持是从咏叹那里得到的,咏叹是从静默那里得到的,静默是从空旷那里得到的,空旷是从疑似本源那里得到的。"

原文

颜回问仲尼曰:"孟孙才①,其母死,哭泣无涕,中心不戚,居丧不哀②。无是三者③，以善处丧盖鲁国④，固有无其实而得其名者乎？回壹怪之⑤。"

仲尼曰："夫孟孙氏尽之矣⑥，进于知矣⑦，唯简之而不得⑧，夫已有所简矣。孟孙氏不知所以生，不知所以死。不知就先，不知就后⑨。若化为物，以待其所不知之化已乎！且方将化，恶知不化哉？方将不化，恶知已化哉？吾特与汝，其梦未始觉者邪！且彼有骇形而无损心，有旦宅而无情死⑩。孟孙氏特觉⑪，人哭亦哭，是自其所以乃⑫。且也相与'吾之'耳矣！庸讵知吾所谓'吾之'乎？且汝梦为鸟而厉乎天⑬，梦为鱼而没于渊。不识今之言者，其觉者乎？其梦者乎？造适不及笑⑭，献笑不及排⑮，安排而去化，乃人于寥天一⑯。"

注　释

①孟孙才：姓孟孙，才，虚拟人物。

②居丧：守丧期间。

③是：此，指眼泪、心悲、情哀。

④盖：覆盖，超越。

⑤壹：语助词，表强调。

⑥尽之：尽到服丧之礼。

⑦进于知：超过知道服丧礼仪的人。进，胜过。

⑧唯：同"惟"，想。简之：简化繁琐的服丧礼仪。之，指丧礼。

⑨先、后：均针对生死而言。

⑩旦宅：通"怛咤"，惊忧。

⑪特觉：独自觉醒。

⑫乃：如此，那个样子。

⑬厉：到达。

⑭造适：突然感到的适意。造，至。

⑮献笑：从内心发出的笑容。

⑯寥天：指寂寥虚空的天道。一：混为一体。

译文

颜回问孔子说："孟孙才的母亲死了，他哭泣没有眼泪，心中不悲伤，服丧期间不哀痛。他没有做到这三点，却以善于处丧而闻名鲁国，难道有不具其实而能博得虚名吗？我觉得很怪异。"

孔子说："孟孙氏已经尽了服丧之道，超过了知道服丧礼仪的人。人们想简化繁琐的服丧礼仪而办不到，然而他已经有所简化了。孟孙氏不知道什么是生，也不知道什么是死；不知道追求先生，也不知道迷恋后死。他像是正在变化的物，以等待自己不知道变成何物的变化而已！再说正要变化时，又如何知道不变化呢？正要不变化时，又如何知道已经变化了呢？可我和你吧，恐怕都是在梦境中还没有觉醒啊！况且孟孙氏认为其母在变化中虽有形体上的惊动，却无伤损心神；虽有惊扰，却没有精神上的死亡。孟孙氏独自觉醒，只是人家哭也跟着哭，所以才会有哭而不哀的那个样子。世人看到自己的形体就相互说'我的我的'，怎么知道'我的'真是属于我呢？再说你梦为鸟而飞到高空，梦为鱼而潜入深渊。不知道现在说话的我，到底是醒着呢？还是在梦中呢？突如其来的快意来不及显露笑容，由衷的快乐来不及事先安排，只有听任自然的安排而顺应变化，这样才能进入寂寥空虚的天道，混为一体。"

原文

颜回曰："回益矣①。"

仲尼曰：“何谓也？”

曰：“回忘仁义矣。”

曰：“可矣，犹未也。”

他日复见，曰：“回益矣。”

曰：“何谓也？”

曰：“回忘礼乐矣！”

曰：“可矣，犹未也。”

他日复见，曰：“回益矣！”

曰：“何谓也？”

曰：“回坐忘矣②。”

仲尼蹴然曰③：“何谓坐忘？”

颜回曰：“堕肢体，黜聪明④，离形去知，同于大通⑤，此谓坐忘。”

仲尼曰：“同则无好也，化则无常也⑥。而果其贤乎⑦！丘也请从而后也。”

注 释

①益：增益，指修炼得到提高。

②坐忘：通过静坐而达到忘怀一切的虚无境界，与大道浑然一体。

③蹴然：因惊奇而神态突变的样子。

④黜：废除，抛弃。

⑤大通：大道。

⑥常：常规，常理。指固执不变。

⑦而：通“尔”，你。

译 文

颜回说：“我提高了。”

孔子说：“你指的是什么呢？”

颜回说："我开始忘掉仁义了。"

孔子说："很好，但是还不够。"

过了几天，颜回又见到孔子，说："我又提高了。"

孔子说："你指的是什么呢？"

颜回说："我已经忘掉礼乐了。"

孔子说："很好，但是还不够。"

过了几天，颜回又见到孔子，说："我又提高了。"

孔子说："你指的是什么呢？"

颜回说："我坐忘了。"

孔子听了一惊，急忙问道："什么叫坐忘？"

颜回说："忘却自己的形体，抛弃自己的聪明，摆脱形体和智能的束缚，与大道融通为一，这就叫坐忘。"

孔子说："与万物混同于一体就没有偏爱了，与万物一起变化就没有偏执了。你果真成为贤人了！我愿意追随在你的身后。"

原　文

子舆与子桑友①。而霖雨十日②，子舆曰："子桑殆病矣③！"裹饭而往食之。至子桑之门，则若歌若哭，鼓琴曰："父邪？母邪？天乎？人乎？"有不任其声而趋举其诗焉④。

子舆人，曰："子之歌诗，何故若是？"

曰："吾思夫使我至此极者而弗得也。父母岂欲吾贫哉？天无私覆，地无私载，天地岂私贫我哉？求其为之者而不得也。然而至此极者⑤，命也夫！"

注　释

①子桑：虚拟人物。

②霖雨：连续几天不停的雨。

③病：指饥饿。

④不任：不胜，不堪。趋举：急促吟唱。

⑤极：指饥贫的绝境。

译文

子舆和子桑是朋友。连绵不断的雨一下就十天，子舆说："子桑恐怕要饿坏了吧！"于是就带着饭食去给他吃。到了子桑的家门，就听到又像歌唱又像哭泣的声音。子桑弹着琴吟唱道："父亲吗？母亲吗？天呢？人呢？"他的歌声微弱不堪而诗句急促不清。

子舆进了门，问道："你吟唱的诗句，为何这样不成调子？"

子桑说："我在思索使我如此贫困的人是谁而没有答案。父母难道希望我贫困吗？天没有偏私地覆盖着万物，地没有偏私地承载着万物，天地岂会偏偏让我贫困潦倒呢？追究造成这种情况的原因而没有答案。然而使我达到这般绝境的，这是由于天命吧！"

应帝王

原文

啮缺问于王倪①，四问而四不知。啮缺因跃而大喜②，行以告蒲衣子③。蒲衣子曰："而乃今知之乎④？有虞氏不及泰氏⑤。有虞氏其犹藏仁以要人⑥，亦得人矣，而未始出于非人⑦。泰氏其卧徐徐⑧，其觉于于⑨。一以己为马⑩，一以己为牛。其知情信⑪，其德甚真，而未始入于非人。"

注释

①啮缺、王倪：皆为虚拟人物。

②因跃而大喜：即"因大喜而跃"。

③行以告：去告诉。蒲衣子：虚拟人物。

④而：通"尔"，你。乃今："现在才……"的意思。

⑤有虞氏：即舜。泰氏：传说中的上古帝王。

⑥要人：要结人心。

⑦非人：指物，与人相对的外物。

⑧徐徐：舒缓的样子。

⑨于于：安闲的样子。

⑩一：或，任或。

⑪知：同"智"。情：实。

译 文

啮缺向王倪请教，问了四次，王倪四次都回答说不知道。啮缺因此高兴得跳了起来，把这事告诉蒲衣子。蒲衣子说："现在你才知道了吧，有虞氏不如泰氏。有虞氏还心怀仁义，以此要结人心，虽然也获得了人心，但未能超然物外。泰氏却睡眠时呼吸舒缓，醒来时安闲自得，任人把自己称为马，或是称为牛。他的心智真实无伪，他的品德纯真高尚，没有受到外物的牵累。"

原 文

肩吾见狂接舆。狂接舆曰："日中始何以语女①？"

肩吾曰："告我，君人者以己出经式义度②，人孰敢不听而化诸③？"

狂接舆曰："是欺德也④。其于治天下也，犹涉海凿河，而使蚊负山也。夫圣人之治也，治外乎⑤？正而后行⑥，确乎能其事者而已矣。且鸟高飞以避矰弋之害⑦，鼷鼠深穴乎神丘之下以避熏凿之患⑧，而曾二虫之无知⑨？"

注释

①日中始：虚拟人物。女：同"汝"，你。

②君人者：国君。经、式、义、度：皆谓法度。义，同"仪"。

③诸：句尾助词，犹"乎"。

④欺德：虚伪骗人的言行。

⑤治外：指用"经式仪度"来治理人的外表。

⑥正而后行：自正而后化行天下。此"正"指无为，此"行"指自然，即《老子》所说："我无为而民自化，我好静而民自正。"

⑦矰弋：捕鸟的器具。矰，鸟网；弋，系有丝绳的箭。

⑧鼷鼠：小鼠。熏凿：谓烟熏和挖掘。

⑨无知：奚侗认为"'知'当作'如'，其义较长。'无如'犹言'不如'也"。可参考。

译文

肩吾见到狂接舆，狂接舆说："日中始对你都说了些什么？"

肩吾说："他告诉我，那些做国君的，凭自己的想法制定各种法规，人们谁敢不听而归从呢？"

狂接舆说："这是虚伪骗人的做法。他这样去治理天下，就如同在大海里开凿河道，让蚊虫背负大山一样。圣人治理天下，难道是用法度来约束人们的外表吗？圣人是先端正自己，而后才会感化他人，任随人们能够做的事情去做就是了。譬如鸟儿知道高高飞起来躲避罗网弓箭的伤害，鼷鼠知道深深藏在神坛下的洞穴中来避免烟熏挖掘的祸患，能够说鸟和鼠是无知的吗？"

原 文

天根游于殷阳①，至蓼水之上②，适遭无名人而问焉③，曰："请问为天下④。"

无名人曰："去！汝鄙人也，何问之不豫也⑤！予方将与造物者为人⑥，厌则又乘夫莽眇之鸟⑦，以出六极之外，而游无何有之乡，以处圹埌之野⑧。汝又何帛以治天下感予之心为⑨？"

又复问，无名人曰："汝游心于淡，合气于漠⑩，顺物自然而无容私焉，而天下治矣。"

注 释

①天根：虚拟人物。殷阳：虚拟地名。

②蓼水：虚拟水名。

③无名人：虚拟人物。

④为：治，治理。

⑤不豫：不悦，不快。

⑥为人：为友。

⑦莽眇之鸟：像鸟般的轻盈虚渺之气。

⑧圹埌：空旷寥阔。

⑨帛："枲"的坏字，同"癙"，"吤"的本字。

⑩淡、漠：皆指清静无为的境界。

译 文

天根在殷阳游览，走到蓼水岸边，恰巧碰见无名人，便问道："请问治理天下的办法。"

无名人说："走开！你这鄙陋的人，为何问这些令人不快的问题！我正要和造物者结伴遨游，厌烦了就要乘像鸟一样的轻盈清虚的气流，飞出天地四方之外，畅游于无何有之乡，歇息于广阔无边的旷野。你又为什么用治理天下的梦话来触动我的心呢？"

天根再次询问，无名人说："你的心神要安于淡漠，你的形气要合于虚寂，顺着万物的自然本性而不掺杂私意，天下就可以大治了。"

原文

阳子居见老聃①，曰："有人于此，向疾强梁②，物彻疏明③，学道不倦。如是者，可比明王乎？"

老聃曰："是于圣人也，胥易技系④，劳形怵心者也⑤。且也虎豹之文来田⑥，猨狙之便、执斄之狗来藉⑦。如是者，可比明王乎？"

阳子居蹴然曰⑧："敢问明王之治。"

老聃曰："明王之治：功盖天下而似不自己，化贷万物而民弗恃⑨；有莫举名⑩，使物自喜；立乎不测，而游于无有者也⑪。"

注释

①阳子居：虚拟人物。历来多认为阳子居是主张"贵己"的杨朱，其实不相干。

②向疾：敏捷如响。向，通"响"。强梁：强悍果断。

③物彻：观察事物透彻。疏明：疏通明白。

④胥：有才智的小吏。易：掌管占卜的小官。技系：被技术所束缚而不能脱身。

⑤劳形怵心：形体劳累，内心担惊受怕。怵，惊惧。

⑥文：花纹。来：招来。田：田猎。

⑦便：灵便。斄：狐狸。藉：拘系。

⑧蹴然：脸色突然改变的样子。

⑨贷：施。弗恃：不觉有所依赖。

⑩莫：无。举：显示，称说。

⑪无有：指至虚之境。

译文

阳子居见到老聃，问道："有这样的一个人，做事敏捷果敢，看问题透彻明达，学道勤奋不倦。像这种人，可以和圣明之王相比吗？"

老聃说："这样的人在圣人看来，不过就像有才智的小吏，被自己的技艺职守所困，终身劳其形体，担惊受怕罢了。况且像虎豹由于皮有花纹而招来捕猎，猕猴由于灵便、猎狗由于会捉狐狸而招来拘系。像这样的情况，能够和圣明之王相比拟吗？"

阳子居脸色突变，惭愧地说："请问圣明之王是如何治理天下的呢？"

老聃说："圣明之王治理天下，功绩布满天下却好像与自己无关；化育万物而百姓却不觉得有所依赖；有功德却无法去称谓，而让万物欣然自得；自己立于不可测见的地位，生活在至虚无为的境地。"

原文

郑有神巫曰季咸①，知人之死生、存亡、祸福、寿夭，期以岁月旬日②，若神。郑人见之，皆弃而走。列子见之而心醉③，归，以告壶子④，曰："始吾以夫子之道为至矣，则又有至焉者矣。"

壶子曰："吾与汝既其文，未既其实。而固得道与⑤？众雌而无雄，而又奚卵焉⑥！而以道与世亢⑦，必信⑧，夫故使人得而相汝⑨。尝试与来。以予示之。"

明日，列子与之见壶子。出，而谓列子曰："嘻！子之先生死矣！弗活矣！不以旬数矣⑩！吾见怪焉，见湿灰焉⑪。"

列子入，泣涕沾襟以告壶子。壶子曰："乡吾示之以地文⑫，萌乎不震不止⑬。是殆见吾杜德机也⑭。尝又与来。"

明日，又与之见壶子。出，而谓列子曰："幸矣！子之先生遇我也，有瘳矣[15]！全然有生矣！吾见其杜权矣[16]！"

列子入，以告壶子。壶子曰："乡吾示之以天壤[17]，名实不入，而机发于踵。是殆见吾善者机也[18]。尝又与来。"

明日，又与之见壶子。出，而谓列子曰："子之先生不齐[19]，吾无得而相焉。试齐，且复相之。"

列子入，以告壶子。壶子曰："吾乡示之以太冲莫胜[20]，是殆见吾衡气机也[21]。鲵桓之审为渊[22]，止水之审为渊，流水之审为渊。渊有九名[23]，此处三焉[24]。尝又与来。"

明日，又与之见壶子。立未定，自失而走。壶子曰："追之！"列子追之不及。反，以报壶子曰："已灭矣，已失矣，吾弗及已。"

壶子曰："乡吾示之以未始出吾宗[25]。吾与之虚而委蛇[26]，不知其谁何，因以为弟靡[27]，因以为波流[28]，故逃也。"

然后列子自以为未始学而归。三年不出，为其妻爨[29]，食豕如食人[30]，于事无与亲。雕琢复朴[31]，块然独以其形立。纷而封哉[32]，一以是终[33]。

①神巫：精于祈祷降神、占卜吉凶的人。季咸：事见《列子·黄帝篇》。

②期：预测。

③心醉：指迷恋、折服。

④壶子：名林，号壶子，郑国人，是列子的老师。

⑤而：通"尔"，你。固：岂，难道。与：通"欤"，语气词。

⑥"众雌而无雄"二句：喻有文无实不能称为道。

⑦而：通"尔"，你。道：指列子所学的表面之道。亢：同"抗"，较量。

⑧信：伸。

⑨使人得而相汝：让神巫窥测到你的心迹，从而要给你相面。

⑩不以旬数：不能用旬计算死期了。旬，十天。

⑪湿灰：喻毫无生气，死定了。

⑫乡：通"向"，刚才。地文：大地寂静之象。

⑬萌乎：犹"芒然"，喻昏昧的样子。萌，通"芒"。震：动。止：通行本作"正"，据《阙误》引江南古藏本改。

⑭杜：闭塞。德机：指生机。

⑮有瘳：疾病可以痊愈。

⑯杜权：闭塞中有所变化。权，变。

⑰天壤：指天地间一丝生气。壤，地。

⑱善者机：指生机。善，生意。

⑲不齐：指神色变化不定。

⑳吾乡：当是"乡吾"的误倒。太冲莫胜：太虚之气平和无偏颇，无迹可寻。

㉑衡气机：生机平和，不可见其端倪。

㉒鲵：鲸鱼。桓：盘旋。审：借为"沈"，深意。

㉓渊有九名：《列子·黄帝篇》："鲵旋之潘为渊，止水之潘为渊，流水之潘为渊，滥水之潘为渊，沃水之潘为渊，沈水之潘为渊，雍水之潘为渊，汧水之潘为渊，肥水之潘为渊，是为九渊焉。"

㉔此处三焉：指鲵桓之水喻杜德机、止水喻善者机、流水喻衡气机。

㉕出：显露。吾宗：我的大道根本。

㉖虚：无所执着。委蛇：随顺应变的样子。

㉗弟靡：茅草随风摆动。形容一无所靠。弟，同"稊"，茅草类。

㉘波流：形容一无所滞。

㉙爨：烧火做饭。

㉚食豕：喂猪。

㉛雕琢复朴：去雕琢，复归于素朴。

㉜纷而封哉：谓在纷乱的世事中持守真朴纯一大道。封，守。

㉝一以是终：终身不变。

译文

郑国有一个神巫名叫季咸，能够预测人的生死存亡和祸福寿夭，所预言的时间，哪年哪月哪日，都能如期发生，准确如神。郑国人见了他，因为害怕知道自己的凶日而都远远逃走。列子见了他，却被他的神算所陶醉所折服，回来后，便把此事告诉了壶子，说道："当初我还以为先生的道术最高明了，没想到还有更高深的。"

壶子说："我教授你的都是外在的东西，还没有展现道的实质，难道你就认为自己得道了吗？就像有许多雌性的鸟而缺少雄性的鸟，又怎能生出卵来呢？你用表面的道与世人较量，希望得到认可，所以才让神巫窥测到你的心迹，从而要给你相面。试着把他带来，让他看看我的相。"

第二天，列子与季咸一起来见壶子。季咸出来后，对列子说："唉！你的先生快要死了！活不成了！过不去十来天了！我见他形色怪异，犹如湿灰一样毫无生机。"

列子进去，泪水汪汪沾湿了衣裳，把季咸的话告诉了壶子。壶子说："刚才我显给他看的是大地般的寂静，茫然无迹，不动不止。他大概是看到我闭塞生机的景象。试着再跟他一起来看看。"

第二天。列子又跟季咸一起来看壶子。季咸出来后，对列子说："你的先生幸亏遇上了我，现在可以痊愈了！完全有生机了！我看见他闭塞的生机开始活动了！"

列子进去，把季咸的话告诉了壶子。壶子说："刚才我显示给他看的是天地间的一丝生机，名利不入于心，一丝生机从脚跟升起。他大概看了我这线生机了。试着你再请他一起来看看。"

第二天，列子又跟季咸一起来见壶子。季咸出来后，对列子说："你的先

生神情恍惚不定，我无法给他相面。等他心神安宁的时候，我再给他看相。"

列子进去，把季咸的话告诉了壶子。壶子说："我刚才显示给他看的是无迹可寻的太虚境界，他大概看到了我生机平和而不偏一端的状况。鲸鱼盘旋的深水是渊，不流动的深水是渊，流动的深水是渊。渊有九种，我给他看的只有三种。试着再跟他一起来看看。"

第二天，列子又跟季咸一起来见壶子。季咸还没有站稳，就感觉不对头，便惊慌地逃走了。壶子说："追上他！"列子没有追上，回来告诉壶子说："已经不见踪迹了，已经跑掉了，我追不上他了。"

壶子说："刚才我显示给他看的并不是我的根本大道。我不过是和他随顺应变，他分不清彼此，犹如草随风披靡，水随波逐流，只得逃走。"

此后列子才认识到自己并没有学到什么，便返回家中，三年不出家门。他替妻子烧火做饭，饲养猪就像侍候人一样，对待一切事物无所偏爱。他扬弃浮华，复归真朴，无知无识、不偏不倚的样子，犹如土块立在地上。他在纷乱的世界中固守着真朴，终身一贯如此。

外篇

骈拇

原文

骈拇枝指出乎性哉[①]，而侈于德[②]；附赘县疣出乎形哉[③]，而侈于性；多方乎仁义而用之者[④]，列于五藏哉[⑤]，而非道德之正也。是故骈于足者，连无用之肉也；枝于手者，树无用之指也；骈枝于五藏之情者[⑥]，淫僻于仁义之行[⑦]，而多方于聪明之用也。

是故骈于明者，乱五色[⑧]，淫文章[⑨]，青黄黼黻之煌煌非乎[⑩]？而离朱是已[⑪]！多于聪者，乱五声[⑫]，淫六律[⑬]，金、石、丝、竹、黄钟、大吕之声非乎[⑭]？而师旷是已[⑮]！枝于仁者，擢德塞性以收名声[⑯]，使天下簧鼓以奉不及之法非乎[⑰]？而曾、史是已[⑱]！骈于辩者，累瓦、结绳、窜句[⑲]，游心于坚白同异之间[⑳]，而敝跬誉无用之言非乎[㉑]？而杨、墨是已[㉒]！故此皆多骈旁枝之道，非天下至正也。

彼至正者[㉓]，不失其性命之情。故合者不为骈，而枝者不为跂[㉔]；长者不为有余，短者不为不足。是故凫胫虽短[㉕]，续之则忧；鹤胫虽长，断之则悲。故性长非所断，性短非所续，无所去忧也。意仁义其非人情乎[㉖]！彼仁人何其多忧也。

注 释

①骈拇：脚的大拇指与第二指连生。骈，连合。枝指：手大拇指旁歧生一指。枝，歧出。

②侈：多，多余。德：通"得"，指人所固有。

③附赘县疣：即附悬的赘疣。赘疣，身上所生的多余的肉瘤。县，同"悬"。

④多方：多端，多方面。乎：于，列于。

⑤列于五藏：指以仁义配五脏。据《内经》："仁配肝，礼配心，信配脾，义配肺，智配肾。"藏，即"脏"。

⑥骈枝于五藏之情者："骈枝"上原衍"多方"两字，依焦竑诸家之说删。

⑦淫僻：过度为淫，过偏为僻。

⑧五色：青、黄、赤、白、黑。

⑨淫：过度，淫溢。文章：青与赤为文，赤与白为章。

⑩黼黻：绣在礼服上的花纹。黑与白相间叫黼，黑与青相间叫黻。煌煌：光辉眩目的样子。

⑪而：通"如"。离朱：一说黄帝时人。《淮南子·原道》称"离朱之明，察箴末于百步之外"。

⑫五声：指古乐中的五个音节，即宫、商、角、徵、羽。

⑬六律：古乐中的六个标准音调，即黄钟、大吕、姑洗、蕤宾、无射、夹钟。

⑭金、石、丝、竹：皆可用来制作乐器，这里指五类乐器。黄钟、大吕：指乐器的声调。

⑮师旷：晋平公的乐师，精于音律。

⑯擢：拔。塞：闭塞。收名声：指沽名钓誉。

⑰簧鼓：犹"吹笙打鼓"，即吹吹打打，喧闹之意。

⑱曾、史：曾参和史鰌。曾参字子舆，是孔子的弟子；史鰌字子鱼，是卫灵公的大臣。

⑲累瓦、结绳、窜句：皆是比喻过于善辩者堆砌文词、上下串说、穿凿文句。

⑳游心：心思游荡。坚白、同异：名家两个重要论题。详见《齐物论》注。

㉑敝跬：疲惫的样子。誉：夸耀。

㉒杨、墨：杨朱和墨翟，均为宋国人。

㉓至正：通行本误作"正正"，依褚伯秀等说改正。

㉔跂：多出的脚趾。

㉕凫胫：野鸭的小腿。

㉖意：成玄英《疏》本作"噫"，嗟叹之声。释"意"为料想、猜想也通。

译 文

连生的脚趾与歧生的手指虽然是天生的，但是对于人的体容来说却是多余的；附着在人体上的肉瘤，虽然生长在人身上，但是对于天生的身体却是多余的；使用各种方法推行仁义，并把它匹配五脏，但这些并非是道德的本然。因而连生在脚上的，只是连接了一块无用的肉；歧生在手上的，只是长了一个无用的指头；节外生枝地把仁义与五脏相匹配而超出了五脏的实情的，这种实行仁义的淫僻行为，真是多方地滥用了聪明。

因而视物过度明察的，就会迷乱五色，淫滥文采，岂不像青黄相间的华丽服饰的花纹令人眩目吗？那离朱就是这样的人！听觉过度灵敏的，就会混淆五声，淫乱六律，岂不像金石丝竹各种乐器发出的像黄钟、大吕等各种动听的乐声令人沉迷吗？那师旷就是这样的人！多余地提倡仁义的，拔高品德，蔽塞真性，以此来沽名钓誉，岂不是让天下人喧嚷着去奉守不可做到的礼法吗？那曾参和史鳝就是这样的人！过分辩解的，犹如累瓦结绳般的堆砌语词，穿凿文句，驰骋心思，致力于坚白同异论题的争论上，岂不是疲惫地夸耀自己的无用之言吗？那杨朱和墨翟就是这样的人！所以这些都是多余无用之道，并非天下最纯正的道德。

那天下最纯正的道德，就是出自于他们真实的自然本性。所以从自然而然的角度说，大拇指与第二指连生的不算连生，旁生出一指的不算是多余；长的不算有余，短的不算不足。所以野鸭的腿虽然短小，但给它接上一段就会带来痛苦；野鹤的腿虽然修长，但给它截去一节就会带来悲哀。所以本性是长的，就不该去截短它；本性是短的，就不该去接长它，这样也就没有什么可忧虑的了。噫，仁义它不合乎性命之情吧！那些仁义者怎么会有那么多的忧愁。

马 蹄

原 文

吾意善治天下者不然。彼民有常性①，织而衣，耕而食，是谓同德②。一而不党③，命曰天放④。故至德之世⑤，其行填填，其视颠颠⑥。当是时也，山无蹊隧⑦，泽无舟梁⑧；万物群生，连属其乡⑨；禽兽成群，草木遂长⑩。是故禽兽可系羁而游，鸟鹊之巢可攀援而窥。夫至德之世，同与禽兽居⑪，族与万物并⑫，恶乎知君子小人哉？同乎无知，其德不离；同乎无欲，是谓素朴⑬。素朴而民性得矣。

注 释

①常性：不变的本性。

少年读庄子

②同德：共同得于自然。

③一：浑然一体。党：偏。

④命：称，名。天放：自然赋予的自由。

⑤至德之世：道德最高尚的时代。

⑥填填、颠颠：均为形容自在得意的神态。

⑦蹊隧：小径和穴道。

⑧舟梁：船和桥。

⑨连属其乡：指居所相连。

⑩遂长：生长。

⑪同：混同。

⑫族：聚集。并：合。

⑬素朴：纯朴。

译文

我以为善于治理天下的人不会这样。那人民是有不变的天性的，他们织布穿衣，耕田吃饭，这是共同的本能。彼此浑然一体，没有偏向，可以称为自由放任。所以在道德昌盛的时代，人民的行

为总是显出悠闲自得、质朴拙实的样子。在那个时候，山中没有小径和隧道，水上没有船只和桥梁；万物共同生长，居处彼此相连；禽兽成群结队，草木茁壮滋长。因而禽兽可以让人牵着去游玩，鸟鹊的窠巢可以任人攀援去窥探。在那道德昌盛的时代，人与禽兽混杂而居，与万物聚集在一起，哪里有君子与小人的区别呢？人们都一样的不用智巧，自然的本性就都不会丧失；人们

少年读庄子

都一样的没有贪欲，所以都纯真朴实。人们都纯真朴实，也就能永葆人的自然本性了。

在 宥

原 文

黄帝立为天子十九年，令行天下，闻广成子在于空同之山^①，故往见之，曰："我闻吾子达于至道，敢问至道之精。吾欲取天地之精，以佐五谷，以养民人；吾又欲官阴阳^②，以遂群生^③，为之奈何？"

广成子曰："而所欲问者^④，物之质也^⑤；而所欲官者，物之残也^⑥。自而治天下，云气不待族而雨，草木不待黄而落，日月之光益以荒矣^⑦，而佞人之心翦翦者^⑧，又奚足以语至道！"

黄帝退，捐天下^⑨，筑特室^⑩，席白茅^⑪，闲居三月，复往邀之^⑫。

广成子南首而卧，黄帝顺下风^⑬，膝行而进，再拜稽首而问曰^⑭："闻吾子达于至道，敢问治身，奈何而可以长久？"

广成子蹶然而起^⑮，曰："善哉问乎！来，吾语女至道^⑯。至道之精，窈窈冥冥^⑰；至道之极，昏昏默默^⑱。无视无听，抱神以静，形将自正^⑲。必静必清，无劳女形，无摇女精，乃可以长生。目无所见，耳无所闻，心无所知，女神将守形，形乃长生。慎女内，闭女外，多知为败^⑳。我为女遂于大明之上矣，至彼至阳之原也；为女入于窈冥之门矣，至彼至阴之原也^㉑。天地有官，阴阳有藏。慎守女身，物将自壮^㉒。我守其一，以处其和^㉓，故我修身千二百岁矣，吾形未常衰^㉔。"

黄帝再拜稽首曰："广成子之谓天矣^㉕！"

74

广成子曰："来！余语女：彼其物无穷㉖，而人皆以为有终；彼其物无测，而人皆以为有极。得吾道者，上为皇而下为王㉗；失吾道者，上见光而下为土㉘。今夫百昌皆生于土而反于土㉙。故余将去女，入无穷之门，以游无极之野㉚。吾与日月参光㉛，吾与天地为常㉜。当我缗乎，远我昏乎㉝！人其尽死，而我独存乎！"㉞

注 释

①广成子：虚拟中的得道人物。空同：或写作"崆峒"，虚拟山名。

②官：掌管。这里指调和。

③遂：成，成就。群生：万物。

④而：通"尔"，你。下三"而"字同。

⑤质：本质。这里指道的精华。

⑥残：残渣。这里指道的残余。

⑦荒：昏暗，暗淡。

⑧佞人：谄媚善辩的人。翦翦：浅薄狭隘的样子。

⑨捐：弃，抛弃不顾。

⑩特室：别室，独居之室。

⑪席：藉，垫。

⑫邀：求。

⑬顺下风：处在风的下方，表示谦恭。

⑭稽首：磕头到地，表示谦恭。

⑮蹶然：迅速起身的样子。

⑯语女：告诉你。女，同"汝"，你。下同。

⑰窈窈冥冥：幽冥深远的状态。

⑱昏昏默默：昏暗寂静的状态。

⑲形：形体，身体。正：纯正。

⑳"慎女内"三句：慎，静。内，内心，精神。外，指耳目。

㉑"我为女"四句："至道"产生天地万物的阴阳二端，至阴至阳都原本于"至道"，所以这里描述的"大明之上""至阳之原""窈冥之门""至阴之原"均喻"至道"。遂，径达。大明，至阳的景象。原，本。窈冥，至阴的景象。

㉒物：指道之物，即大道。

㉓"我守"二句：一，指至道。和，指阴阳二气调和。

㉔常：通"尝"。

㉕天：自然之谓天，指合乎自然。或谓与天合德、与天合一，亦通。

㉖物：指至道。下同。

㉗皇："三皇五帝"之"皇"，地位崇高。王："施及三王"之"王"，地位低于皇。

㉘上见光而下为土：生则见日月之光而死则为腐土。

㉙百昌：百物之昌盛。犹百物。

㉚无极之野：与上句"无穷之门"均指至道。

㉛与日月参光：与日月共有三光，引申为"与日月同光"或"与日月争光"。参，三。

㉜常：久，永久。

㉝"当我"二句：当我，向我，迎我。远我，背我，离我。缗，通"冥"，昏暗。"缗""昏"均指无心无意之谓。

㉞此段主要说明只有把自身看得比治理天下还重要的人才可以治理天下，并对修身养性的治身之道及延年益寿之法作出了详细描述。

译文

黄帝做了十九年的天子，政令通行天下，听说广成子住在空同山上，便特地去见他，对他说："我听说先生明达至道，请问至道的精髓是什么？

我想取用天地的精华来帮助五谷成熟，用来养育人民；我还想掌管阴阳二气的变化，以顺应万物的生长，这应该如何去做呢？"

广成子说："你所想问的问题，是大道的精华；而你所想要管理的，却是大道的残渣。自从你治理天下以来，云气还没有聚集起来就下雨，草木还没有达到枯黄季节就凋零，太阳和月亮的光辉越来越暗淡，而像你这样的谗佞之人，心境浅薄狭小，又怎么能够同你谈论至道呢！"

黄帝回去后，抛弃天下政事不管，修筑了一间别室，铺垫上白茅，闲居了三个月，这才再次去请教广成子。

广成子头朝南躺卧着，黄帝从风的下方，用膝盖跪地行走，来到广成子面前，再次叩头行礼，然后问道："听说先生明达至道，冒昧地请问，如何修身养性，才可以使生命长久？"

广成子迅速地坐起来，说道："问得好！过来，我告诉你什么是至道。至道的精粹，幽冥深远；至道的精微，静默无声。不要外视，不要外听，静守精神，身体会自然康宁纯正。内心一定要清净宁静，不要劳累你的身体，不要摇荡你的精神，这样才可以长生不老。眼睛不见多余的东西，耳朵不听多余的声音，内心不要多余的考虑，让你的精神守护着身体，身体就可以长寿健康。让你的内心保持虚静，闭塞你的耳目以免外来的干扰，知道的太多则会败坏你的修道。我帮助你达到大明的境界，领略至阳的本原；帮助你进入深邃幽冥的门户，领略至阴的本原。天地各有自己的主宰，阴阳各有自己的居所。谨慎地守住自身的心性，大道的修养自然会日趋强壮。我固守这一贯的大道，保持体内阴阳二气的和谐，所以我修身虽有一千二百年了，而我的身体至今健康不衰。"

黄帝再次叩头礼拜，说："广成子可以说是与天合德了。"

广成子说："来！我告诉你：大道是无穷无尽的，而人们却都认为它有终止；大道是高深不测的，而人们却都认为它有极限。得到我所说的大道的，随着世缘在上可以为皇，在下可以为王；丧失我所说的大道的，在上只能见到日月之光，在下只能化为尘土。犹如当今万物生长都源于土而又返归于土一样。所以我将离开你，进入无穷尽的大道之门，逍遥于广漠无极的境地。我与日月同光辉，我与天地共永恒。迎着我来的，我无意它的来；背着我去的，我无意它的去。人们来来去去而不免于死，而我独存啊！"

原文

云将东游①，过扶摇之枝而适遭鸿蒙②。鸿蒙方将拊脾雀跃而游③。云将见之，倘然止④，贽然立⑤，曰："叟何人邪⑥？叟何为此？"

鸿蒙拊脾雀跃不辍，对云将曰："游！"

云将曰："朕愿有问也⑦。"

鸿蒙仰而视云将曰："吁⑧！"

云将曰："天气不和，地气郁结，六气不调⑨，四时不节。今我愿合六气之精以育群生，为之奈何？"

鸿蒙拊脾雀跃掉头曰："吾弗知！吾弗知！"

云将不得问。又三年，东游，过有宋之野，而适遭鸿蒙。云将大喜，行趋而进曰："天忘朕邪⑩？天忘朕邪？"再拜稽首，愿闻于鸿蒙。

鸿蒙曰："浮游不知所求，猖狂不知所往⑪，游者鞅掌⑫，以观无妄⑬。朕又何知！"

云将曰："朕也自以为猖狂，而民随予所往；朕也不得已于民⑭，今则民之放也⑮！愿闻一言。"

外
篇

鸿蒙曰："乱天之经⑯，逆物之情⑰，玄天弗成⑱，解兽之群而鸟皆夜鸣，灾及草木，祸及止虫⑲。意⑳！治人之过也。"

云将曰："然则吾奈何？"

鸿蒙曰："意！毒哉㉑！僊僊乎归矣㉒！"

云将曰："吾遇天难，愿闻一言。"

鸿蒙曰："意！心养㉓！汝徒处无为㉔，而物自化。堕尔形体，吐尔聪明，伦与物忘㉕，大同乎涬溟㉖。解心释神，莫然无魂㉗。万物云云，各复其根㉘，各复其根而不知。浑浑沌沌㉙，终身不离。若彼知之㉚，乃是离之。无问其名，无窥其情，物固自生。"

云将曰："天降朕以德㉛，示朕以默。躬身求之，乃今也得。"再拜稽首，起辞而行。㉜

注释

①云将：虚拟人物。

②扶摇：神木，或谓风。枝：旁。鸿蒙：虚拟人物。

③拊脾：拍打大腿。脾，通"髀"，大腿。

④倘然：惊疑的样子。

⑤贽然：拱立不动的样子。

⑥叟：对长者的尊称。

⑦朕：我。自秦始皇始，天子自称为朕，而秦始皇前不论贵贱皆称朕。

⑧吁：叹词，这里表示不屑回答。

⑨六气：指阴、阳、风、雨、晦、明六气。

⑩天：对鸿蒙的尊称。

⑪猖狂：自由放荡、无拘无束的样子。

⑫鞅掌：失容，随意而自得。

⑬无妄：真实。

⑭不得已：指上"不得已而临莅天下"。

⑮放：通"仿"，依。

⑯经：常，常规。

⑰逆：违背。情：本性。

⑱玄天：自然造化，俗称"苍天""老天爷"。

⑲止虫：即"豸虫"。止，同"豸"。一本作昆虫。

⑳意：同"噫"。下同。

㉑毒哉：感慨云将受毒害太深而不觉悟。毒，害。

㉒僊僊：轻举的样子。僊，同"仙"。

㉓心养：即"养心"。心因操劳而伤，所以应当保养它不用。

㉔徒：但，只。

㉕伦：类，辈。此指本身。

㉖滓溟：混沌之气，自然之气。

㉗莫然：无知的样子。无魂：身心俱忘，如同枯木死灰。

㉘"万物云云"二句：云云，种种，众多。云云，亦通"芸芸"，盛多的样子。根，自然本性，指道。《老子》第十六章有。夫物芸芸，各复归其根"之语。

㉙浑浑沌沌：纯朴无心。

㉚彼：指万物。之：指复根，即归于自然本性。

㉛天：指鸿蒙。德：天德，天道。

㉜此段通过云将与鸿蒙的对话，说明治理天下，当以无为为之。刘凤苞评说："撰出二名，各有意境，又生出一番彼此问答，曲肖神情"，"写出一片化境"。

译 文

云将到东方去游历，经过神木的旁边，正巧遇上了鸿蒙。鸿蒙正在拍打着大腿，像鸟雀一样跳跃着，准备出发去遨游。云将看到这个情景，惊疑地停下脚步，恭敬地拱身站在那里，问道："老先生是什么人呀，为何这样欢喜雀跃呢？"

鸿蒙仍旧拍着腿跳跃不停，对云将说："去遨游！"

云将说："我有个问题想问一问。"

鸿蒙仰起头看了看云将，说道："唉！"

云将说："天气不调和，地气郁结不畅通，六气失调，四时失序。现在我打算调和六气的精华来养育万物，应当怎样去做呢？"

鸿蒙拍着腿跳跃着，转过头来说："我不知道！我不知道！"

云将得不到回答。又过了三年，他再次东游，经过宋国的原野，恰巧遇见了鸿蒙。云将非常高兴，快步向前，说道："您忘了我吗？您忘了我吗？"再次叩头跪拜，希望听到鸿蒙的指教。

鸿蒙说："随意飘泊于世，无所贪求；随心所欲，自由奔放，不知所往；在无拘无束、无心无意的漫游中，来观察万物的本来面目。此外，我又知道些什么呢！"

云将说："我原来也是很想自由自在地随意游荡的，而百姓却总是跟着我前往；我也是没办法才去君临天下的，现在却成为了百姓的依靠！希望听到您的忠告。"

鸿蒙说："扰乱了自然的规律，违背了万物的本性，苍天就不会让你成功，而群兽也会离散，禽鸟也因惊吓而夜鸣，灾难降临草木，祸害殃及昆虫。唉！这都是治理人的过错。"

云将说："那么我将怎么办呢？"

鸿蒙说："唉！你中毒太深了！我要飘扬凌空而去了！"

云将说："我能遇见您很是难得，希望您多加指点。"

鸿蒙说："唉！那就养心吧！你只要处心无为，而那万物将会自然化生。废弃你的形体，抛掉你的聪明，物我俱忘，与自然之气混同如一。解开心灵上的束缚，释放精神上的重负，漠然无知无觉，犹如死灰枯木。万物纷纭众多，往来生灭，各自归于自然的本性。这种生灭复归的过程，本是全然不知不觉的自化过程。浑然无知而不用心机，才能终身不离自然的本性。假如万物有心追求复归自然本性，本身就是离开了自然本性。不要询求万物的称谓，不要窥探万物的真情，万物本是自然而然的化生。"

云将说："先生赐予我天德，教导我以静默无为求道。由于我亲身追求，现在终于有所收获。"云将一再叩头行礼，而后起身告辞离去。

天 道

原 文

昔者舜问于尧曰："天王之用心何如①？"

尧曰："吾不敖无告②，不废穷民，苦死者③，嘉孺子而哀妇人④，此吾所以用心已。"

舜曰："美则美矣，而未大也⑤。"

尧曰："然则何如？"

舜曰："天德而出宁⑥，日月照而四时行，若昼夜之有经⑦，云行而雨施矣。"

尧曰："胶胶扰扰乎⑧！子，天之合也；我，人之合也。"

夫天地者，古之所大也，而黄帝、尧、舜之所共美也。故古之王天下者，奚为哉？天地而已矣。

注 释

①天王：犹天子。

②敖：同"傲"。傲慢。无告：有苦无处诉说的人。在古代认为鳏、寡、孤、独四种人为无告之人。

③苦：哀怜。

④嘉：喜爱。哀：怜悯。

⑤"美则"二句：言外之意是说还没有达到无为的大境界。

⑥天德：自然之德。出宁：呈现宁静。

⑦经：常则，规律。

⑧胶胶扰扰：纠缠扰乱的样子。此为尧自谦多事之辞。

译文

从前舜问尧说："你治理天下的用心怎么样？"

尧说："我不怠慢鳏寡孤独等有苦无处诉说的人，不抛弃走投无路的穷苦百姓，哀怜死亡的人，喜爱儿童和怜悯妇女，这些就是我的用心所在。"

舜说："好是很好，却不是最伟大的。"

尧说："那要怎么样呢？"

舜说："有自然之德的人，总是显出宁静无为的状态，就像日月照耀和春夏秋冬四季运行那样自然，像昼夜更替那样有规律，像云行雨施那样合乎时宜。"

尧说："我真是扰乱多事啊！你的德性与天相合，而我的用心仅仅符合人事罢了。"

天地是自古以来最伟大的，是黄帝、尧、舜等圣人共同赞美的。所以古代君临天下的人，都做了些什么呢？不过顺着天地的法则，自然无为罢了。

原文

桓公读书于堂上①，轮扁斫轮于堂下②，释椎凿而上③，问桓公曰："敢问，公之所读者，何言邪？"

公曰："圣人之言也。"

曰："圣人在乎？"

公曰："已死矣。"

曰："然则君之所读者，古人之糟魄已夫④！"

桓公曰："寡人读书，轮人安得议乎！有说则可，无说则死！"

轮扁曰："臣也以臣之事观之。斫轮，徐则甘而不固⑤，疾则苦而不入⑥。不徐不疾，得之于手而应于心。口不能言，有数存焉乎其间⑦。臣不能以喻臣之子，臣之子亦不能受之于臣，是以行年七十而老斫轮。古之人与其不可传也死矣⑧，然则君之所读者，古人之糟魄已夫！"

注释

①桓公：即齐桓公，名小白。

②轮扁：制作车轮的人，名扁。斫：砍削。

③释：放，放下。椎、凿：木工所用工具。

④糟魄：即糟粕，指古人遗言。魄，通"粕"。

⑤徐：缓。甘：滑。

⑥疾：急。苦：涩。

⑦数：术数，技术，窍门。

⑧不可传也：指道。也，犹"者"。死：死亡，消失。

译文

桓公在堂上读书，轮扁在堂下砍制车轮。轮扁放下锥子凿子，走到桓公跟前，问桓公说："请问，公所读的书，是什么人的言论？"

桓公说："是圣人之言。"

轮扁问道:"圣人还在吗?"

桓公说:"已经死了。"

轮扁问道:"那么您所读的,不过是古人的糟粕罢了。"

桓公说:"寡人读书,造轮的人岂能随便议论!说出个道理也就罢了,说不出个道理来就得去死!"

轮扁说:"我是用我从事的工作来观察的。就说砍造车轮吧,做工太慢太细了就会因为太滑而不牢固;做工太快太粗了就会因为苦涩而榫头难入。只有做工不缓不急,得心应手,才能恰到好处。其中的门道,口里说不出来,却有难言的心术存在其中。这心术,我无法明示给我的儿子,我的儿子也不能从我那里获得传授,因此我都七十岁了还在制造车轮。古时的人和他不可言传的东西都已经消失了,那么你所读到的,不过是古人留下的糟粕罢了!"

天 运

原 文

"天其运乎?地其处乎①?日月其争于所乎②?孰主张是③?孰维纲是④?孰居无事推而行是⑤?意者其有机缄而不得已邪⑥?意者其运转而不能自止邪?云者为雨乎?雨者为云乎?孰隆施是⑦?孰居无事淫乐而劝是⑧?风起北方,一西一东,在上彷徨⑨,孰嘘吸是⑩?孰居无事而披拂是⑪?敢问何故?"

巫咸袑曰⑫:"来,吾语女。天有六极五常⑬,帝王顺之则治,逆之则凶。九洛之事⑭,治成德备⑮,监照下土,天下戴之,此谓上皇⑯。"

注 释

① "天其"二句:运,运转。处,止,静止。

② 所:处所,轨道。

③孰：谁。主张：主宰而施行。是：此。

④维纲：维持纲纪。

⑤"孰居"句：此句针对"日月其争于所乎"而言。推而行：推动它们运行。

⑥"意者"句：此句针对"天其运乎"而言。意，估计，猜想，推测。机，机关。缄，闭。

⑦隆：兴起。施：降。是：此，指云雨。

⑧淫乐：过度的快乐。劝：助长，助成。是：此，指云雨。

⑨在：通行本误作"有"，据陈碧虚《庄子阙误》引张君房本改。彷徨：回转、往来的样子。

⑩嘘吸：呼吸。嘘，吐气。

⑪披拂：摇荡，煽动。

⑫巫咸：神巫名咸。祒：借为"招"，招呼。

⑬六极：即"六合"，指四方和上下。五常：即"五行"，指金、木、水、火、土。

⑭九洛之事：有二解，一指九州聚落之事，一指《洛书》九畴之事。译文从前一说。

⑮治成德备：治定功成，道圆德备。

⑯上皇：指道德超过了三皇。

译 文

"天是自己在运转吗？地是自己在静止不动吗？太阳和月亮是自己在争夺运行的轨道吗？是谁主宰着而如此安排呢？是谁维持着纲纪而使它们成为这个样子呢？是谁闲居无事推动着它们如此运行呢？莫非有机关控制着它们而使它们不能停止吗？莫非它们自己运转而根本不会停止吗？是云造成的雨呢？还是雨造成的云呢？是谁在兴云降雨呢？是谁闲居无事，为了追求过度的快乐而助成这云兴雨施呢？风在北方兴起，忽西忽东，在空中不断地回旋飘荡，这是谁在大口的吸气吐气而造成如此之风呢？是谁闲居无事而煽起这样的大风呢？请问这究竟是怎么回事？"

巫咸招了招手，说："过来，我告诉。天有六极五常，帝王顺着它便能太平安定，违逆它便生祸殃。顺着这自然之理，九州百姓安居的事情，就会大功告成而德性完备，光辉普照天下，天下百姓都会拥戴他，这样方能称得上超越三皇。"

刻 意

原 文

故曰，夫恬惔寂漠①，虚无无为，此天地之平而道德之质也②。故曰，圣人休焉，休则平易矣③，平易则恬惔矣。平易恬惔，则忧患不能入，邪气不能袭，故其德全而神不亏④。

故曰，圣人之生也天行⑤，其死也物化⑥。静而与阴同德，动而与阳同波⑦。不为福先，不为祸始⑧。感而后应，迫而后动，不得已而后起。去知与故⑨，循天之理。故无天灾，无物累，无人非，无鬼责。不思虑，不豫谋⑩。光矣而不耀，信矣而不期⑪。其寝不梦，其觉无忧。其生若浮，其死若休⑫。其神纯粹，其魂不罢⑬。虚无恬惔，乃合天德⑭。

故曰，悲乐者，德之邪也；喜怒者，道之过也；好恶者，德之失也。故心不忧乐，德之至也；一而不变，静之至也；无所于忤，虚之至也；不与物交，惔之至也；无所于逆，粹之至也。

故曰，形劳而不休则弊，精用而不已则劳，劳则竭。水之性不杂则清，莫动则平；郁闭而不流，亦不能清，天德之象也。

故曰，纯粹而不杂，静一而不变，惔而无为，动而以天行，此养神之道也。

注释

①惔：平静。

②平：准则。质：根本。

③圣人休焉，休则平易矣：通行本作"圣人休休焉则平易矣"，"焉休"二字误倒，今据陈碧虚《庄子阙误》引张君房本乙正。

④德：天性，本性。

⑤天行：随自然而运动。

⑥物化：随万物而变化。

⑦同波：合流，同运动。

⑧"不为"二句：福先，指行善，行善是得福的先兆。祸始，指作恶，作恶是遭祸的开始。

⑨知：同"智"，智慧。故：巧，伪诈。

⑩豫：预先。

⑪期：约。

⑫"其生"二句：原在"无鬼责"句下，据严灵峰说移正。

⑬魂：神，精神。罢：同"疲"。

⑭天德：自然本性。

译文

所以说，恬淡、寂寞、虚无、无为，这是天地的准则和道德的根本，所以说圣人息心于此。息心宽容便与外界无争，因而也就心平气和了。心平气和也就恬淡愉悦了。心平气和、恬淡愉悦，那么忧患就不会入心，邪气就不会袭身，于是他的自然天性完美而精神充实不亏。

所以说，圣人在生存时就会随着
自然变化而行动，他在死亡后就会随
着万物的变化而转化。他静时与地阴
同默守，动时与天阳共流动。行善是
福的先声，所以不求福报也不行善；
作恶是祸的根源，所以不受祸害也不
作恶。凡事有所感动而后才去应和，
有所迫近而后才去行动，万不得已而
后兴起。抛弃智巧伪诈，一切顺应自
然的常理。所以没有天灾，没有事务
的牵累，不会遭到别人的非议，不会
受到鬼神的谴责。不须思虑，不必预

谋。光照天下而不炫耀，坚守信用而不固守约定。他入睡不做梦，醒时无
忧愁。他把生存视为浮云，把死亡视为休息。心神纯粹，不夹杂念；精力
充沛，终不疲倦。虚无恬淡，契合自然的本性。

所以说，悲哀和欢乐，它是自然本性的扭曲；喜爱和愤怒，它是自然
本性的失衡；偏好和厌恶，它是自然本性的缺失。所以内心没有忧虑和欢
乐，乃是自然本性的极致；专守大道而不随外物变化，乃是清静的极致；
顺应群生而无所抵触，乃是虚寂的极致；不与身外之物交往，乃是恬淡的
极致；混同万物而无所违逆，乃是纯粹德性的极致。

所以说，形体过分劳累而得不到休息就会疲困，精力过分消耗而不止
就会疲劳，过分疲劳就会枯竭。水的本性是，不混杂就清澈，不搅动就平
静；倘若闭塞而不流动，也不能澄清，这就是自然本性的体现。

所以说，纯粹素朴而不混杂邪念，清静专一而不改变心志，恬淡无
为，遵循自然运行的规律而行动，这就是养神的道理。

缮　性

原　文

缮性于俗学①，以求复其初；滑欲于俗思②，以求致其明：谓之蔽蒙之民③。

古之治道者，以恬养知④。知生而无以知为也⑤，谓之以知养恬。知与恬交相养，而和理出其性⑥。夫德，和也；道，理也。德无不容，仁也；道无不理，义也；义明而物亲，忠也；中纯实而反乎情，乐也；信行容体而顺乎文，礼也。礼乐偏行，则天下乱矣⑦。彼正而蒙己德⑧，德则不冒⑨，冒则物必失其性也。

古之人，在混芒之中⑩，与一世而得澹漠焉⑪。当是时也，阴阳和静，鬼神不扰，四时得节，万物不伤，群生不夭，人虽有知，无所用之，此之谓至一⑫。当是时也，莫之为而常自然⑬。

注　释

①俗学：世俗之学。"俗"下原重"俗"字，据陈碧虚《庄子阙误》引张君房本删。

②滑：乱，治。俗思：世俗的思想。

③蔽蒙：闭塞昏昧。

④以恬养知：用恬静来养心智，指无为自然的意思。知，同"智"。

⑤知生而无以知为：谓心智生长而却不用心智行事。

⑥和理：和顺。理，犹"顺"。

⑦夫德，和也……则天下乱矣：这十六句五十四字，关锋说："这和庄子哲学大相背谬，而与宋尹学派一致。"（《庄子外杂篇初探》）可供参

考。义，宜。反，返，恢复。信行容体，刘凤苞云："信行，行之而昭其信。容体，体之而验于容。"顺乎文，依顺自然的节文。礼乐偏行，指世俗的礼乐偏于一方。

⑧蒙：晦，蔽，敛藏。

⑨冒：露，外露。

⑩混芒：混沌蒙昧，混混茫茫。

⑪澹漠：即淡漠。

⑫至一：最纯粹自然的境界。

⑬莫之为：没有作为。常自然：常随自然。

译　文

用世俗的学问来修养性情，想恢复人的本性；用世俗的思想来调治欲望，想得到人们思想的明澈：这就叫做闭塞昏昧的人。

古时修道的人，是用恬静来涵养心智。心智生成而却不用心智行事，这就叫做用心智涵养恬静。心智与恬静相互涵养，而和顺的性情就会从本性中生发出来。德就是和谐，道就是理顺。德和而无不包容，这就是仁；道理而无不随顺，这就是义；义理明彻而众人前来亲附，这就是忠；内心纯朴诚实而能恢复本性，这就是乐；行为讲究诚信，形貌反映心声，而又都能符合自然的节制，这就是礼。片面地推行礼乐，那么天下就要乱了。人们端正了就会敛藏自己的德性，这样德性就不会外露，德性一旦外露，那人们必定要丧失自然无为的本性。

古时候的人，在混沌蒙昧的生活中，举世都是淡漠相处。在那时，阴阳和谐宁静，没有鬼神的干扰，四季合于节气，万物不受伤害，众生不死于非命，人们虽有心智，却无处可用，这就是最纯粹的自然境地。在那时，一切都无所作为而总是顺任自然。

原 文

　　乐全之谓得志①。古之所谓得志者，非轩冕之谓也②，谓其无以益其乐而已矣。今之所谓得志者，轩冕之谓也。轩冕在身，非性命也③，物之傥来④，寄者也。寄之，其来不可圉⑤，其去不可止。故不为轩冕肆志⑥，不为穷约趋俗⑦，其乐彼与此同⑧，故无忧而已矣！今寄去则不乐⑨。由是观之，虽乐，未尝不荒也⑩。故曰，丧己于物，失性于俗者，谓之倒置之民⑪。

注 释

　　①"乐全"句：成玄英说："无顺无逆，忘哀忘乐，所造皆适，斯乐之全者也。至乐全矣，然后志性得焉。"刘凤苞说："乐全，惟不受伤，则全乎天乐也。"

　　②轩冕：古代贵人的车服。这里指高官厚禄。

　　③非性命也：此句陈碧虚《庄子阙误》引张君房本，作"非性命之有也"，语意更为显著。

　　④傥：偶然。

　　⑤圉：通"御"，拒，抵挡。

　　⑥肆志：放纵情性，快意。

　　⑦穷约：穷困。趋俗：媚俗，趋炎附势。

　　⑧彼：指轩冕。此：指穷约。

　　⑨今：指今天的世俗之人。寄：指轩冕之类。

　　⑩荒：通"慌"，恐慌。

　　⑪倒置：本末轻重不分。

译 文

　　无忧无虑，无所不适，可谓获得全乐了，乐全就可以说得到自己的志性了。古人所说的得志，并非指高官厚禄，他们认为高官厚禄对自己的快乐并没有什么补益。现在世俗之人所说的得志，是专指高官厚禄而言。高官厚禄在身，并非是性命所固有的东西，它是偶然而来的外物，不过寄存在人身而已。像高官厚禄这类寄托之物，它来时不能阻挡，它去时不能挽留。所以修道之人不能因为高官厚禄的到来而放纵志性，也不能因为自己穷困潦倒就趋炎附势，在他们看来，处于高官厚禄与处于穷困潦倒都是一样的快乐，所以总是无忧无虑罢了！现在的世俗之人，他们一旦失去了寄存于身的利益就不快乐。由此看来，他们尽管在快乐的时候，未尝不担心丧失利益而心存恐慌啊！所以说，在物欲中丢掉自己本性的人，在世俗中丧失自己德性的人，叫做不知本末轻重的人。

达　生

原　文

达生之情者①，不务生之所无以为②；达命之情者，不务命之所无奈何③。养形必先之以物④，物有余而形不养者有之矣；有生必先无离形，形不离而生亡者有之矣。生之来不能却，其去不能止。悲夫！世之人以为养形足以存生，而养形果不足以存生，则世奚足为哉！虽不足为而不可不为者，其为不免矣！

夫欲免为形者，莫如弃世⑤。弃世则无累，无累则正平⑥，正平则与彼更生⑦，更生则几矣⑧！事奚足弃而生奚足遗？弃事则形不劳，遗生则精不亏。夫形全精复⑨，与天为一⑩。天地者，万物之父母也；合则成体，散则成始⑪。形精不亏，是谓能移⑫。精而又精，反以相天⑬。

注　释

①达：通达，通晓。情：实，实情。

②务：求，务求。无以为：无以为用，无所用。

③命：原误作"知"，依武延绪、马叙伦、刘文典诸家之说及本文文义改。无奈何：指无能为力。

④形：形体，身体。物：物质，如衣食住行等物质条件。

⑤弃世：谓抛弃世间繁杂之事而心超世外（刘凤苞《南华雪心编》）。

⑥正平：心正气平。

⑦彼：指大自然，造化。

⑧几：庶几，近，差不多。这里指大道。

⑨精复：精神康复不亏。

⑩天：指天然。为一：融为一体。

⑪"合则"二句：谓天地阴阳二气相结合就会生成某一物体，如若阴阳二气离散就会复归于无物之初。体，物体。始，初始。

⑫能移：能够与自然一起变化迁移。

⑬相：助，辅。天：指大自然。

译 文

通达生命实情的人，不去追求生命所不必要的东西；通晓寿命实情的人，不去做对寿命无能为力的事情。保养身体，一定先要具备物质条件，物资有余而不能保养身体的人也是有的；保

住生命，必须先让形体不要离去，形体不离而生命已经死亡的人也是有的。生命的降临是无法拒绝的，它的离去也无法阻止。可悲啊！世俗之

人认为保养身体就完全可以保存生命，然而保养身体果真不足以保存生命，那么世人还有什么事情可做呢！虽然不值得去做，却也不得不去做，这样的作为便不免于操劳了！

要想避免为了身体而操劳，便不如抛弃世俗之事。抛弃世俗之事就没有拖累，没有拖累就会心正气平，心正气平就能和大自然一同发展变化而生生不息，生生不息就接近大道了！世事为什么值得抛弃，而生命值得遗忘呢？因为抛弃世事就能让身体不操劳，遗忘生命就能让精神不亏损。形体得到保全，精神复归凝聚，就能与自然融合一体。天地，是万物的父母；阴阳二气的相合就形成万物之体，阴阳二气的离散就又复归于万物的初始。形体与精神都不亏损，这叫做能够随着自然变化而更新。精神修养到了极高处，反过来可以辅助大自然的化育。

原　文

仲尼适楚，出于林中①，见痀偻者承蜩②，犹掇之也③。

仲尼曰："子巧乎，有道邪？"

曰："我有道也。五六月累丸二而不坠，则失者锱铢④；累三而不坠，则失者十一；累五而不坠，犹掇之也。吾处身也，若厥株拘⑤；吾执臂也，若槁木之枝。虽天地之大，万物之多，而唯蜩翼之知。吾不反不侧⑥，不以万物易蜩之翼⑦，何为而不得！"

孔子顾谓弟子曰："用志不分，乃凝于神⑧。其痀偻丈人之谓乎⑨！"

注　释

①出：经过。

②痀偻：驼背。承：用杆去粘。蜩：蝉。

③掇：拾取。

④失：失误。锱铢：古代重量单位，六铢为一锱，四锱为一两。此喻极少。

⑤厥：通"橛"，竖。株拘：即"株枸"，树根盘错处。

95

⑥不反不侧：指身心都不变化。反、侧，均指活动。

⑦易：改变。

⑧凝于神：精神凝聚专一。

⑨丈人：对老人的尊称。

 译文

孔子到楚国去，经过树林中，看见一位驼背老人用竹竿粘蝉，就像用手拾取那样容易。

孔子说："你真灵巧啊，这里有什么门道吗？"

驼背老人回答说："是的，我有门道。我在竹竿上累放两个弹丸，经过五六个月的练习就不会掉下来，那么粘蝉失手的次数就很少了；如果练到累放三个弹丸也掉不下来，那么粘蝉失误的概率也就是十分之一了；如果再继续练习到累放五个弹丸也掉不下来，那么粘蝉就如拾取那样容易了。当我粘蝉时，身体站在那里一动不动，就像一个竖立的木桩；我伸臂执竿，如同枯槁的树枝。虽然天地无限广大，万物纷纭繁多，而我眼中心中只有蝉翼。我身心不变不动，不因纷杂的万物改变我对蝉翼的关注，为什么得不到蝉呢！"

孔子回头对弟子们说："用心不分散，精神凝聚专一，不就是说的这位驼背老人嘛！"

山 木

原文

庄子行于山中，见大木，枝叶盛茂，伐木者止其旁而不取也。问其故，曰："无所可用。"庄子曰："此木以不材得终其天年。"

夫子出于山①，舍于故人之家。故人喜，命竖子杀雁而烹之②。竖子请曰③："其一能鸣，其一不能鸣，请奚杀？"主人曰："杀不能鸣者。"

明日，弟子问于庄子曰："昨日山中之木，以不材得终其天年；今主人之雁，以不材死。先生将何处？"

庄子笑曰："周将处乎材与不材之间。材与不材之间，似之而非也，故未免乎累。若夫乘道德而浮游则不然④。无誉无訾⑤，一龙一蛇⑥，与时俱化，而无肯专为。一上一下，以和为量⑦，浮游乎万物之祖⑧。物物而不物于物⑨，则胡可得而累邪！此神农、黄帝之法则也。若夫万物之情，人伦之传则不然⑩，合则离，成则毁，廉则挫⑪，尊则议⑫，有为则亏，贤则谋，不肖则欺。胡可得而必乎哉！悲夫，弟子志之⑬，其唯道德之乡乎！"

注释

①夫子：庄子。

②竖子：童仆。雁：鹅。烹：读作"享"，进献，款待。按，古"亨""享""烹"三字同，往往混用。

③请：问。

④乘：因循。道德：自然之道。浮游：指游于虚无之中。

⑤訾：诋毁。

⑥龙、蛇：言其屈伸不定，随时变化。

⑦和：和顺。量：度，则。

⑧万物之祖：未始有物之先。

⑨物物：主宰万物。前一"物"字作动词用。不物于物：不役使于外物。

⑩伦：类。传：习俗，习惯。

⑪廉：指锋利。

⑫议：非议。

⑬志：记。

译 文

庄子在山中行走，看见一棵大树，它的枝叶非常茂盛，伐木人停在树旁却不去砍伐。问他为什么不去砍伐，他说："没有什么用处。"庄子说："这棵大树因为不够良木的材质，所以才能享尽天赋的寿命。"

庄子走出山区，在老朋友家歇息。老朋友很高兴，便叫童仆杀鹅来款待庄子。童仆问道："有一只鹅会叫，另一只鹅不会叫，请问杀哪一只？"主人说："杀不能叫的。"

第二天，弟子向庄子问道："昨天遇见的山中之树，因为材质不好而能够终享天年；现在主人家的鹅，却因为没有才能而被杀。先生将要处于哪种情境呢？"

庄子笑着说："我庄周将要处于有材和无材之间。不过处于有材和无材之间似乎妥当，其实不然，所以不能免于拖累。若是顺应自然之道而游于虚无之境，那就大不一样了。那时，既没有美誉也没有毁谤，时隐时现犹如龙蛇一般，随时变化，而不偏执一端。上上下下随意飞腾与潜伏，以顺应自然为法则，游心于万物产生之前的浑沌境界。主宰万物而不被外物所役使，那么怎么还会受到外物的拖累呢！这是神农和黄帝的处世法则。若是万物的情况和人类的习俗就不是这样了，有了汇合就有分离，有了成功就有毁坏，锐利的将被挫折，尊贵的将被非议，有作为的人将要遭受亏损，有贤能的人将要遭人谋算，没出息的人就会遭受欺侮。谁又得知荣辱福祸必然来临的原因呢！可悲啊，弟子们要记住，想要免于拖累，只有进入清静无为的大道境界了。"

原 文

庄子衣大布而补之①，正緳系履而过魏王②。魏王曰："何先生之惫邪③？"

98

庄子曰："贫也，非惫也。士有道德不能行，惫也；衣弊履穿④，贫也，非惫也，此所谓非遭时也。王独不见夫腾猿乎？其得楠梓豫章也⑤，揽蔓其枝而王长其间⑥，虽羿、蓬蒙不能眄睨也⑦。及其得柘棘枳枸之间也⑧，危行侧视⑨，振动悼栗⑩，此筋骨非有加急而不柔也⑪，处势不便，未足以逞其能也！今处昏上乱相之间而欲无惫，奚可得邪？此比干之见剖心⑫，征也夫！"

注 释

①衣：穿。大布：粗布。

②正廮系履：谓用麻绳捆绑破鞋。正，借为"整"，整理。廮，带子。履，鞋。

③惫：疲惫，困乏。

④弊：破。穿：穿孔。

⑤楠、梓、豫章：三种端直良木。

⑥王长其间：在其间称王称长。

⑦羿：即后羿，古代善射之人。蓬蒙：即"逢蒙"，后羿的弟子。眄睨：斜视。

⑧柘、棘、枳、枸：四种有刺的小树。

⑨危行：小心行走，行动谨慎。

⑩振动：发抖。悼栗：因惧怕而战栗。悼，惧。

⑪急：紧。柔：灵便。

⑫比干：殷纣王的叔父，因忠谏被纣王剖心而死。

译文

庄子穿着一件带补丁的粗布衣服，脚上穿的破鞋用麻绳绑着，去见魏王。魏王说："先生如何这样的疲惫呢？"

庄子说："是贫穷，不是疲惫。士人有道德不能实行，这是疲惫；衣服破旧，鞋子穿孔，这是贫穷，不是疲惫，这就是所谓的生不逢时啊。你就没有见过那跳踯的猴子吗？当它们生活在楠、梓、豫章等大树之中的时候，攀援着树枝，心悦气盛，可以说是称王天下，即使善射的后羿、逢蒙也不敢小看它们。等到它们落到了柘、棘、枳、枸等带刺的树丛中时，尽管小心谨慎，目不斜视，走起路来还是胆战心惊，这并不是因为筋骨受到了束缚而不灵活，这是因为所处情势不利，不能施展自己的才能啊！现在正处于昏君乱臣的治理下，想要不疲惫，怎么可能呢？在此社会中，像比干那样被剖心，不就是明证吗？"

原文

庄周游于雕陵之樊①，睹一异鹊自南方来者。翼广七尺，目大运寸②，感周之颡③，而集于栗林。庄周曰："此何鸟哉！翼殷不逝④，目大不睹。"蹇裳躩步⑤，执弹而留之⑥。睹一蝉方得美荫而忘其身。螳螂执翳而搏之⑦，见得而忘其形。异鹊从而利之，见利而忘其真⑧。庄周怵然曰⑨："噫！物固相累，二类相召也！"捐弹而反走⑩，虞人逐而谇之⑪。

庄周反入，三日不庭⑫。蔺且从而问之⑬："夫子何为顷间甚不庭乎？"庄周曰："吾守形而忘身⑭，观于浊水而迷于清渊⑮。且吾闻诸夫子曰：'入其俗，从其俗。'今吾游于雕陵而忘吾身，异鹊感吾颡，游于栗林而忘真，栗林虞人以吾为戮⑯，吾所以不庭也。"

注释

①雕陵：陵名。樊：圃。

②运：圆。

③感：触。颡：额。

④殷：大，广。

⑤褰裳：提起衣裳。躩步：疾步，快步。

⑥留：伺机。

⑦翳：障蔽。这里指树叶。一说指螳螂之斧。

⑧真：真性，性命。

⑨怵然：惊恐警醒的样子。

⑩捐弹：丢弃弹弓。捐，弃。反走：回头跑去。反，同"返"。

⑪虞人：守园子的人。诮：责骂。

⑫三日：原误作"三月"，据王念孙说及文义改。不庭：不出门庭。

⑬蔺且：庄子弟子。

⑭守形：指看守异鹊之形。

⑮浊水：喻异鹊等外物。清渊：喻自己内在的真性。

⑯戮：侮辱。

译文

庄周到雕陵之囿游玩，看见一只异鹊从南方飞来。异鹊双翼宽广有七尺多长，眼睛又圆又大足有一寸，触到了庄周的额头后，停在了栗林中。庄周说："这是什么鸟啊！翅膀广却不能远飞，眼睛大却看不清东西。"于是提起衣裳快步走去，手拿弹弓，准备伺机射杀异鹊。这时，看见有一只蝉因为找到了一块浓荫，正在得意而忘记了自身的安全。而螳螂正在利用树叶作遮蔽，准备攻击这只蝉，因为见到猎物可得而忘记了自己的形体。异鹊见螳螂有利可图便跟了过去，因贪利而忘掉了自身的性命。此情此景使庄周惊恐，警惕地说："哎！万物原本就是相互牵累，彼此两两相互招引呀！"想到此，便扔掉弹弓，急忙返身往回走，而守园子的人发现后，一边责骂着一边追过去。

庄周回到住所后，三天没有出门。弟子蔺且便问道："先生为什么近来不出门呢？"庄周说："我只知看守外物，却忘记了自身的安危；观看混浊之水，却冷淡了珍贵的清渊。我听先生说过：'到一个地方去，就要随从那里的风俗。'现在我到雕陵游玩却忘了自身的安危，让异鹊碰到了我的前额；走到栗林里却忘掉了自己的本性，让守园子的人侮辱了一顿，所以我三日不出门户。"

原文

阳子之宋①，宿于逆旅②。逆旅人有妾二人，其一人美，其一人恶。恶者贵而美者贱。阳子问其故，逆旅小子对曰③："其美者自美，吾不知其美也；其恶者自恶，吾不知其恶也。"

阳子曰："弟子记之：行贤而去自贤之行④，安往而不爱哉！"

注释

①阳子：《韩非子·说林上》所载同一故事，作"杨子"；《列子·黄帝篇》作"杨朱"。之：往。宋：宋国。

②逆旅：旅店。

③逆旅小子：即逆旅人，均指旅店主人。

④行贤：德行美好。

译文

阳子到宋国去，住在一家旅店里。店主人有两个小妾，一个相貌美丽，一个相貌丑陋。然而貌丑的受到店主人的宠爱，貌美的却受到店主人的轻视。阳子询问其中的缘故，店主人说："那个貌美的女人自以为美而骄矜，我并不认为她有多美；那个貌丑的女人自以为丑而安分守己，我并不认为她有多丑。"

阳子对弟子们说："弟子们要记住，品德美好而能忘掉自己美好品德的人，走到哪里不会受到人们的敬爱呢！"

田子方

田子方侍坐于魏文侯^①，数称谿工^②。

文侯曰："谿工，子之师邪？"

子方曰："非也，无择之里人也。称道数当^③，故无择称之。"

文侯曰："然则子无师邪？"

子方曰："有。"

曰："子之师谁邪？"

子方曰："东郭顺子^④。"

文侯曰："然则夫子何故未尝称之？"

子方曰："其为人也真，人貌而天虚^⑤，缘而葆真^⑥，清而容物。物无道，正容以悟之^⑦，使人之意也消。无择何足以称之！"

子方出，文侯傥然^⑧，终日不言，召前立臣而语之曰："远矣，全德之君子！始吾以圣知之言、仁义之行为至矣。吾闻子方之师，吾形解而不欲动^⑨，口钳而不欲言。吾所学者，直土埂耳^⑩！夫魏真为我累耳！"

①田子方：姓田，名无择，字子方，魏国人。魏文侯：魏国国君。

②数称：多次称赞。谿工：姓谿，名工，魏国贤人。

⑦称道：言谈说理。数当：往往恰当。

④东郭顺子：虚拟人物。

⑤人貌：外表如同常人。天虚：天心，内心与自然契合。虚，心。

⑥缘：顺。葆真：保持真性。

⑦正容：自正客仪，端正自己。

⑧傥然：自失的样子。

⑨形解：犹言身体散了架子。

⑩土埂：土偶人，喻粗陋无用。

译文

田子方陪坐在魏文侯的旁边，多次称赞谿工。

魏文侯说："谿工，他是你的老师吗？"

田子方说："不是，他是我的同乡。言论见解往往很中肯，所以我常称赞他。"

魏文侯说："那么你没有老师吗？"

田子方说："有。"

魏文侯说："你的老师是谁呢？"

田子方说："东郭顺子。"

魏文侯说："那么先生为什么不曾称赞过他？"

田子方说："他为人纯真，外貌虽如常人，而内心却如自然一样清虚，一切随顺自然而保持真性，心境清静而能包容万物。世人无道，他便首先端正自己，以此让人开悟，使别人的邪念自然消除。我又能用怎样的言辞来称赞他呢？"

田子方走后，魏文侯恍然自失，整天不说话，把站在面前的臣子召来，告诉他们说："真是深远啊，一个道德完备的君子！起初我以为圣智的言论、仁义的行为，算是最高的层次了。当我听到了田子方老师的情况，我的身体就像瓦解了一样不想动，嘴巴就像被钳住一样不想开口。我原来所学的东西，简直像土偶人一样粗陋啊！那魏国真成了我的累赘啊！"

```
104
```

原 文

肩吾问于孙叔敖曰①："子三为令尹而不荣华②，三去之而无忧色。吾始也疑子，今视子之鼻间栩栩然③，子之用心独奈何？"

孙叔敖曰："吾何以过人哉！吾以其来不可却也④，其去不可止也。吾以为得失之非我也，而无忧色而已矣。我何以过人哉！且不知其在彼乎⑤，其在我乎？其在彼邪，亡乎我⑥；在我邪，亡乎彼。方将踌躇⑦，方将四顾⑧，何暇至乎人贵人贱哉！"

仲尼闻之曰："古之真人，知者不得说⑨，美人不得滥⑩，盗人不得劫⑪，伏戏、黄帝不得友。死生亦大矣，而无变乎己，况爵禄乎！若然者，其神经乎大山而无介⑫，入乎渊泉而不濡⑬，处卑细而不惫。充满天地，既以与人，己愈有⑭。"

注 释

①肩吾：虚拟人物。孙叔敖：曾任楚庄王相。

②令尹：在楚国掌握国家军政大权的官职，相当于宰相。

③栩栩然：舒缓悠长的样子。

④以：以为。其：指令尹官职。却：推却。

⑤其：指荣华。彼：指令尹之职。

⑥亡乎我：与我无关。亡，无。

⑦踌躇：悠闲自得的样子。

⑧四顾：向四方张望，高视八方。

⑨知：同"智"。说：游说。

⑩滥：淫乱。

⑪劫：劫持。

⑫大山：即泰山。介：碍，阻碍。

⑬濡：湿。

⑭"既以"二句：出自《老子》："既以为人，己愈有；既以与人，己愈多。"既，尽。

译文

　　肩吾向孙叔敖问道："你曾经三次出任令尹一职而没有感到荣耀和华贵，你三次被免除令尹一职而没有丝毫的忧虑。我起初还怀疑你是装出来的，现在看你鼻息出入舒缓悠长的样子，果真不假，你的内心究竟是怎么想的呢？"

　　孙叔敖说："我哪有过人的地方啊！我只是认为这令尹一职，它来了你不可以推却，它走了你不可以阻止。我认为得与失都不是我所能决定的，我所做的只是无忧无虑罢了。我哪有过人的地方啊！而且不知道所谓的荣耀和华贵是在令尹一职上呢？还是在我身上呢？如果它在令尹一职上，那么就与我无关；如果它在我的身上，那么就与令尹一职无关。我正在从容自得，四顾遐想，哪有时间去考虑人的高贵与卑贱呢！"

　　孔子听到后说："古时候的真人，智者不能说服他，美女不能淫乱他，强盗不能劫持他，伏羲、黄帝不能与他交朋友。就是生死这样的大事，也不能使他的本性发生变化，何况爵位和俸禄呢！像这样的人，他的精神遨游泰山也不会遇上阻碍，潜入深渊也不会沾湿衣裳，身处卑微的地位也不会疲惫。他的精神充满天地，越是尽力济人，越是感到更加富有。"

知北游

原文

　　知北游于玄水之上①，登隐弅之丘②，而适遭无为谓焉③。知谓无为谓曰："予欲有问乎若④：何思何虑则知道？何处何服则安道⑤？何从何道则得道⑥？"三问而无为谓不答也。非不答，不知答也。

　　知不得问，反于白水之南⑦，登狐阕之上⑧，而睹狂屈焉⑨。知以之言也，问乎狂屈。狂屈曰："唉！予知之，将语若。"中欲言而忘其所欲言⑩。

　　知不得问，反于帝宫，见黄帝而问焉。黄帝曰："无思无虑始知道，无处无服始安道，无从无道始得道。"

知问黄帝曰："我与若知之，彼与彼不知也[11]，其孰是邪？"

黄帝曰："彼无为谓真是也，狂屈似之，我与汝终不近也。夫知者不言，言者不知，故圣人行不言之教[12]。道不可致，德不可至[13]。仁可为也，义可亏也，礼相伪也。故曰[14]：'失道而后德，失德而后仁，失仁而后义，失义而后礼。'礼者，道之华而乱之首也[15]。故曰[16]：'为道者日损，损之又损，以至于无为。无为而无不为也。'今已为物也，欲复归根，不亦难乎！其易也，其唯大人乎[17]！生也死之徒，死也生之始，孰知其纪[18]！人之生，气之聚也[19]。聚则为生，散则为死。若死生为徒，吾又何患！故万物一也[20]。是其所美者为神奇，其所恶者为臭腐。臭腐复化为神奇，神奇复化为臭腐。故曰：'通天下一气耳[21]。'圣人故贵一[22]。"

知谓黄帝曰："吾问无为谓，无为谓不应我，非不我应，不知应我也；吾问狂屈，狂屈中欲告我而不我告，非不我告，中欲告而忘之也；今予问乎若，若知之，奚故不近[23]？"

黄帝曰："彼其真是也[24]，以其不知也；此其似之也[25]，以其忘之也；予与若终不近也，以其知之也。"

狂屈闻之，以黄帝为知言[26]。

注释

①知：虚拟人物。玄水：虚拟水名。玄，黑，深奥的意思。

②隐弅：虚拟丘名。弅，突起。

③无为谓：虚拟人名。取其无所为、无所谓的意思。

④若：你。

⑤处：居。服：行，事。安：守，符合。

⑥何道：何由。

⑦反：同"返"。白水：虚拟水名。

⑧狐阕：虚拟丘名，取其阕疑的意思。

⑨狂屈：虚拟人物，取其狂放屈伸之意。

⑩中：心中。

⑪彼与彼：指无为谓和狂屈。

⑫"夫知者"三句：夫，发语词。圣人，指老子。知者不言，言者不知，出于《老子》第五十六章。

⑬"道不"二句：致，得。至，达。郭象《庄子注》云："道在自然，非可言致也。不失德故称德，称德而不至也。"

⑭"故曰"以下四句：出于《老子》第三十八章。

⑮华：装饰，引申为假象。

⑯"故曰"以下四句：出于《老子》第四十八章。

⑰大人：指自然无为的得道之人。

⑱纪：始末，终结。

⑲气：指元气。

⑳一：同一，指一气。

㉑通：贯通。一气：谓一气为之。

㉒贵：看重。一：指生死的同一性。

㉓不近：指不接近大道。

㉔彼：指无为谓。真是：指真正知道大道。

㉕此：指狂屈。似之：指近似于知道大道。

㉖知言：明白道理的言论，中肯之言。

译 文

知到北方的玄水边游览，登上了隐弅之丘，恰巧遇上了无为谓。知对无为谓说："我想问你一个问题：怎样思索怎样考虑才能懂得道？怎样生活怎样做事才能符合道？依从什么采用什么途径才能得到道？"知三问而无为谓皆不回答。不是不回答，而是不知道回答。

知得不到解答，返回白水的南边，登上了狐阕之丘，看见了狂屈。知便把问无为谓的话，转问于狂屈。狂屈说："唉，我知道这些问题，等一会儿我告诉你。"狂屈心中想说，突然却忘记了想要说的话。

知又没有得到解答，便返回帝宫，见到了黄帝便问他。黄帝说："无所思考、无所顾虑方能知道道，无所处身、无所行事方能符合道，无所依从、无所选择方能得到道。"

知问黄帝说："我和你知道了这些说法，可无为谓和狂屈却不知道，那么谁是对的呢？"

黄帝说："那无为谓是真正对的，狂屈差不多，我和你始终没有能够接近大道。知道的人不说出，说出的人不知道，所以圣人实行的是不用言传的教育。道本于自然，不能依靠言传获得；德根于修养，不能凭着称述达到。仁爱是有作为的，义理是有缺欠的，礼仪是有虚伪的。所以说：'丧失道而后才有德，丧失德而后才有仁，丧失仁而后才有义，丧失义而后才有礼。'礼，是道的假象，祸乱的开始。所以说：'修道的人要天天减损华伪的形迹，减损了再继续减损，一直达到无所作为的程度。无所作为也就是无所不作为了。'现在世人已经被物化而丧失了真性，想要复归大道，不是很难了嘛！如果说容易的话，那只有悟道的大人了！生是死的伴侣，死是生的开始，谁能知道生死的始末呢！人的出生，是元气的聚合。元气聚合，人即有了生命；元气散失，人即走向死亡。若是死生相为伴侣的话，我又有什么可忧患的呢！所以说万物是一体的，并无差别。只是世人把自己所喜欢的所欣赏的事物称为神奇，把自己所厌恶的所痛恨的事物称为臭腐。就像死生相伴随一样，臭腐的东西将会重新转化为神奇的东西，而神奇的东西也将会转化成臭腐的东西。所以说：'贯通天下生死的，是一气为之而已。'因此，圣人所重视的是生死的同一性。"

知对黄帝说："我问无为谓，无为谓不回答我，不是不回答我，是不知道回答我；我问狂屈，狂屈心中想告诉我却没有告诉我，不是不告诉我，是心中想告诉我而忘记了；现在我来问你，你知道，是什么原因不能接近大道呢？"

黄帝说："说无为谓是真正知道大道，就是因为他不知道什么是大道；说狂屈好像明白大道，就是因为他忘记了什么是大道；说我和你始终没有接近大道，就是因为我们知道了什么是大道。"

狂屈听说后，认为黄帝的这番话算是对大道理解比较深刻的话。

原　文

东郭子问于庄子曰①："所谓道，恶乎在？"

庄子曰："无所不在。"

东郭子曰："期而后可②。"

庄子曰："在蝼蚁③。"

曰："何其下邪④？"

曰："在稊稗⑤。"

曰："何其愈下邪？"

曰："在瓦甓⑥。"

曰："何其愈甚邪？"

曰："在屎溺⑦。"

东郭子不应。

庄子曰："夫子之问也，固不及质。正、获之问于监市履狶也⑧，'每下愈况⑨'。汝唯莫必⑩，无乎逃物。至道若是，大言亦然⑪。周遍咸三者，异名同实，其指一也。尝相与游乎无何有之宫，同合而论，无所终穷乎⑫！尝相与无为乎！澹而静乎！漠而清乎！调而闲乎！寥已吾志⑬。无往焉而不知其所至⑭，去而来而不知其所止。吾已往来焉而不知其所终。彷徨乎冯闳⑮，大知入焉而不知其所穷。物物者与物无际⑯，而物有际者，所谓物际者也。不际之际，际之不际者也⑰。谓盈虚衰杀⑱，彼为盈虚非盈虚，彼为衰杀非衰杀，彼为本末非本末，彼为积散非积散也。"

注　释

①东郭子：因住在东郭而取以为名。

②期：限，谓要求确指。

③蝼蚁：蝼蛄和蚂蚁。

④下：低下。

⑤稊、稗：两种相似的杂草。

⑥甓：砖。

⑦溺：通"尿"。

⑧正、获：主管饮射的官名。监市：管理市场的官。履狶：用脚踩猪。狶，同"豨"，大猪。按，买猪时要挑肥的，踩一下猪腿就可以辨别猪的肥瘦了。因为猪腿的下部最难肥，如果猪腿肥了，那么整只猪是肥的就没问题了。

⑨每下愈况：这是监市回答如何检查猪的肥瘦的方法。以此比喻检验大道也是如此。

⑩汝唯莫必：谓你不要限定道在何处。必，拘限，限定。

⑪大言：大的言辞，大话。

⑫"尝相与"三句：林云铭云："十九字作一句读，言试与游于虚无之中，合万为一，而论无所底止学乎！"尝，试。无何有之宫，指虚无的境界。

⑬寥已吾志：即"吾志寥已"的倒装。寥，虚。已，矣。

⑭无：疑为"吾"字音误，马叙伦谓"无"为衍文。

⑮彷徨：徜徉。冯闳：空虚开阔的样子。

⑯物物：主宰万物，指道。际：边际，界限。

⑰"不际"二句：王先谦云："道本不际，而见于物际；见于物际，而仍是无际也。"

⑱盈：满。虚：亏。衰：败。杀：降。

 译 文

东郭子问庄子说："所谓道，在什么地方？"

庄子说："无所不在。"

东郭子说："必须指出一个地方来才可以。"

庄子说："在蝼蛄和蚂蚁中。"

东郭子说："怎么这样卑下呢？"

庄子说："在稊稗这类的杂草中。"

东郭子说："怎么越说越低下了呢？"

庄子说："在砖瓦中。"

东郭子说："怎么更加低下了呢？"

庄子说："在屎尿中。"

东郭子不再说话。

庄子说："先生所问的，原本就没有问到实质上。司正和司获向市场管理员询问踩猪验肥的方法，市场管理员便说'每下愈况'，猪的下腿肥了，猪的全身还能不肥吗？你不要限定道在何处，没有脱离物外的道。大道原本就是无处不在的，使用再大的言辞来说明它，也是一样。'周''遍''咸'这三种称谓，名称不同而实质是相同的，它们所指的是同样的意思。试让我们一起游于虚无的境界，合万物为一，见道之同源，所论之大道是无法穷尽的！试让我们一起率性无为吧！若能如此，便能恬淡而平静！寂寞而清澄！调和而悠闲！这样一来，我的心志也就虚寂了。我随着自然前往，却不知要到什么地方；去而复回，而又不知在什么地方停止。我来回往返，却从来没有想到归于何处。徜徉于虚旷之中，虽有大智之人进入其中，也不能得知大道的止境。主宰万物的大道，与万物融为一体，是没有边际的，就一物而言是有边际的，即所谓某一物的边际而已。没有边际的边际，乃是边际中没有边际。说到盈虚衰杀，大道能使万物盈虚，而大道并不盈虚；大道能使万物衰杀，而大道并不衰杀；大道能使万物有始终，而大道并非有始终；大道能使万物有积散，而大道并非有积散。"

杂　篇

徐无鬼

原　文

知士无思虑之变则不乐[1]，辩士无谈说之序则不乐[2]，察士无凌谇之事则不乐[3]，皆囿于物者也[4]。

招世之士兴朝，中民之士荣官，筋力之士矜难，勇敢之士奋患，兵革之士乐战，枯槁之士宿名[5]，法律之士广治，礼教之士敬容，仁义之士贵际。

农夫无草莱之事则不比[6]，商贾无市井之事则不比，庶人有旦暮之业则劝，百工有器械之巧则壮。

钱财不积则贪者忧，权势不尤则夸者悲[7]。势物之徒乐变[8]，遭时有所用，不能无为也。此皆顺比于岁[9]，不物于易者也[10]。驰其形性，潜之万物，终身不反，悲夫！

注　释

①知：同"智"。变：指机变之事。

②序：条理，逻辑。

③凌谇：凌辱和责问。

④囿：拘限。

⑤宿：守。

⑥草莱：杂草，指耕耘等农事。比：和乐。

⑦尤：出众。

⑧势物：权利。

⑨顺比：随顺。

⑩不物于易：即"不易于物"的倒装句，谓各自拘守一物而不能变通。

译 文

智谋之士如果没有提供思虑的机变之事是不快乐的，口辩之士如果没有谈论的话题与程序是不快乐的，好察之士如果没有欺凌与责难事情的发生是不快乐的，他们都是被外物所拘限的人。

招摇于世的人好在朝廷中炫耀自己，中等资质的人以做官为荣，体格强健的人以排险解难自夸，勇敢无畏的人喜欢奋身地排除祸患，披甲戴盔的人以参战为快乐，隐居清修的人留意自己的名声，注重法律的人大力推广法治，讲究礼教的人重视外表的修饰，崇尚仁义的人看重人与人之间的交际。

农夫如果没有耕田除草的事情就不会和乐，商人如果没有商业买卖的事情就不会和乐，百姓如果早晚都有事做就会很勤勉，工匠如果有了灵巧的工具就会气壮。

钱财积累不多而好贪图的人就会忧愁，权势不够强大而好夸耀的人就会悲哀。追逐权利的人们喜欢变乱，遇到时机来临，就要铤而走险，不能清静无为。这些人都是随时竞逐，拘限于一事一物而不能脱身的人。他们身心驰骛，沉溺外物，终生不能自拔，岂不悲哀！

原 文

庄子送葬，过惠子之墓，顾谓从者曰："郢人垩慢其鼻端若蝇翼①，使

匠石斫之②。匠石运斤成风③，听而斫之④，尽
垩而鼻不伤，郢人立不失容。宋元君闻之⑤，
召匠石曰：'尝试为寡人为之。'匠石曰：'臣
则尝能斫之，虽然，臣之质死久矣⑥！'自夫
子之死也⑦，吾无以为质矣，吾无与言之矣！"

注 释

①郢：楚国都城，今湖北江陵。垩：白
土，可用于涂饰。慢：通"墁"，涂。

②匠石：名叫石的工匠。斫：砍削。

③运：挥动。斤：斧。

④听：任，听任。

⑤宋元君：即宋元公，宋平公之子。

⑥质：对手，指施展技艺的对象。

⑦夫子：指惠施。

译 文

庄子送葬，经过惠施的坟墓，回头对随从说道："郢
都有一个人，不
小心让一星点白灰粘在鼻子上，这点白灰就像苍蝇的翅膀那样又薄又小，
他让匠石替他削掉。匠石挥起斧子，随斧而起的风声呼呼作响，任凭斧子
向白灰点削去，泥点尽除而鼻子安然不伤，郢都人站立不动，神色不变。
宋元君听说此事后，把匠石召去，说道：'试着替我再做一遍。'匠石说道：
'臣下确实曾经砍削过鼻尖上的泥点，不过现在我的对手已经死了很久
了！'自从先生去世，我也没有对手了，我再也找不到辩论的对象了！"

原 文

管仲有病①，桓公问之曰"仲父之病病矣②，可不讳云③，至于大病，
则寡人恶乎属国而可④？"

少年读庄子

管仲曰："公谁欲与⑤？"

公曰："鲍叔牙⑥。"

曰："不可。其为人洁廉，善士也；其于不己若者不比之⑦；又一闻人之过，终身不忘。使之治国，上且钩乎君⑧，下且逆乎民。其得罪于君也，将弗久矣！"

公曰："然则孰可？"

对曰："勿已，则隰朋可⑨。其为人也，上忘而下不畔⑩，愧不若黄帝，而哀不己若者。以德分人谓之圣，以财分人谓之贤。以贤临人，未有得人者也；以贤下人，未有不得人者也。其于国有不闻也，其于家有不见也。勿已，则隰朋可。"

注释

①管仲：即管子，姓管，名仲，字夷吾，曾任齐相，齐桓公尊之为仲父。

②病矣：病危了。

③讳：原误作"谓"，江南古藏本作"讳"，《列子·力命篇》亦作"讳"，据以改正。

④恶：何。属：嘱托，托付。

⑤公谁欲与：即"公欲与谁"。

⑥鲍叔牙：姓鲍，字叔牙，齐国大夫。

⑦不己若：即"不若己"。不比：不亲近。

⑧钩：逆，触犯。

⑨隰朋：姓隰，名朋，齐国贤人。

⑩不：原脱，据《列子·力命篇》补。畔：界岸。

译文

管仲生了病，齐桓公问他说："仲父的病已经很危险了，还可以忌讳

116

不说么？一旦病危，我将把国家托付给谁才好呢？"

管仲说："你想托付给谁呢？"

齐桓公说："鲍叔牙。"

管仲说："不可以。他为人处事廉洁，是个好人。但是他对于不如自己的人不够亲近，又听说了人家的过错就终身不忘。如果让他治理国家，对上会触犯君威，对下会违背民意。他将得罪于国君，不会太久了。"

齐桓公说："那么谁可以呢？"

管仲回答说："不得已的话，隰朋还可以。他为人处事，对上能够忘记权贵的荣位，对下能够不区分地位的卑贱，自愧不如黄帝，而又怜悯不如自己的人。以道德来感化人，称得上是个圣人；以钱财来分给人，称得上是个贤人。以贤人的身份凌驾于众人之上，没有能够获得人心的；以贤人的身份礼遇众人，没有不能够获得人心的。他对于国事有所不闻，他对于家事有所不见。如果不得已的话，隰朋还可以。"

则 阳

原　文

柏矩学于老聃[①]，曰："请之天下游[②]。"

老聃曰："已矣！天下犹是也。"

又请之，老聃曰："汝将何始？"

曰："始于齐。"

至齐，见辜人焉[③]，推而强之[④]，解朝服而幕之[⑤]，号天而哭之，曰："子乎！子乎！天下有大菑[⑥]，子独先离之[⑦]。曰'莫为盗，莫为杀人'。荣辱立，然后睹所病；货财聚，然后睹所争。今立人之所病，聚人之所争，穷困人之身⑧，使无休时。欲无至此得乎？古之君人者，以得为在民，以失为在己；以正为在民，以枉为在己⑨。故一形有失其形者⑩，退而自责。今则不然，匿为物而愚不识⑪，大为难而罪不敢，重为任而罚不胜，远其涂而诛不至。民知力竭，则以伪继之。日出多伪，士民安取不伪。夫力不足则伪，知不足则欺，财不足则盗。盗窃之行，于谁责而可乎？"

注 释

①柏矩：姓柏，名矩，老子门徒。

②之：往。游：游说。

③辜人：受刑后被丢在街上的死尸。

④强：借为"僵"，僵卧。

⑤幕：覆盖。

⑥菑：通"灾"，患害、灾祸。

⑦离：通"罹"，遭难。

⑧穷困：困扰。

⑨枉：错误。

⑩一形：一人。失其形：失掉生存条件。

⑪匿：藏匿。愚：愚弄。

译 文

柏矩在老聃那里学道，说："请求到各诸侯国去游说。"

老聃说："算了吧，天下的地方和这里一个样。"

柏矩再次请求，老聃说："你先要去哪里？"

柏矩说："从齐国开始。"

柏矩到了齐国，看见了受刑后示众的死尸，把僵化的死尸摆正，解下朝服盖上，仰天哭号，说："先生啊！先生啊！天下将有大祸降临，你却先遭遇上了。说'不去偷盗，不去杀人'，为什么又去做了呢？荣耀和屈辱的观念确立，然后才发现它所带来的弊病；钱财和货物的过分集中，然后才发现它所带来的竞争。现在正是树立了人们所诟病的，积聚了人们所竞争的，困扰着人们的身心，使人们永远不能安于本分。要想不让人们遭受刑戮，这能做得到吗？古代的君主都是把功劳归于人民，把过失归于自己；以为正道在人民一边，以为错误在自己一边。所以一旦有人遭受了伤害，就会辞职退让，自责其过。现在却不是这样，他们隐藏事物的真相而愚弄不懂的人，增加事情的难度而把不敢去做的人定为罪犯，加重任务的分量而处罚不能胜任的人，增加路程的距离而责罚限期不到的人。这样一来，百姓的智慧和气力就都用尽了，接下来只好用虚假来对付。上层的统治者们天天做出弄虚作假的事情来，不能不让下层的士民不利用虚伪来应付。能力不足而被逼无奈就会做假，智力不足而被逼无奈就会欺骗，财力不足而被逼无奈就会去偷盗。请问盗窃的风行，要责备谁更合理呢？"

外　物

原　文

庄周家贫，故往贷粟于监河侯①。监河侯曰："诺。我将得邑金②，将贷子三百金，可乎？"

庄周忿然作色曰："周昨来，有中道而呼者③。周顾视车辙，中有鲋鱼焉④。周问之曰：'鲋鱼来⑤，子何为者耶？'对曰：'我，东海之波臣也⑥。君岂有斗升之水而活我哉！'周曰：'诺，我且南游吴越之王，激西江之水而迎子⑦，可乎？'鲋鱼忿然作色曰：'吾失我常与⑧，我无所处。我得斗升之水然活耳⑨，君乃言此，曾不如早索我于枯鱼之肆⑩。'"

注 释

①监河侯：监管河工之官。

②邑金：封地的赋税。

③中道：半路。

④鲋鱼：鲫鱼。

⑤来：语助词，无义。

⑥波臣：水波中的臣子，即水族中的一员。

⑦激：引发。

⑧常与：经常相依存的，指水。

⑨然：则。

⑩曾：竟，还。肆：市场。

译 文

庄周家境贫穷，所以前往向监河侯借贷粮食。监河侯说："好吧。等我收到封地的赋税，我就借给你三百金，可以吗？"

庄周气得脸色都变了，说："我昨天来时，半路上听到呼叫声。我回头看了看车辙沟，里面有只鲫鱼。我向它问道：'小鲫鱼啊，你在这里做什么？'它回答说：'我是东海水族中的一个臣子，你能用斗升之水来救我吗？'我说：'好的。等我去南方游说吴、越两国的国王，再引出西江的水流来迎接你，可以吗？'鲫鱼气得脸色大变，生气地

说：'我丧失了时常伴随我的水，已经无处存身。我只要有斗升多的水就可以存活，你却如此说话，还不如早点到干鱼市场里找我。'

寓　言

原　文

寓言十九①，重言十七②，卮言日出③，和以天倪④。

寓言十九，藉外论之，亲父不为其子媒。亲父誉之，不若非其父者也。非吾罪也，人之罪也⑤。与己同则应，不与己同则反。同于己为是之，异于己为非之。

重言十七，所以已言也⑥，是为耆艾⑦。年先矣，而无经纬本末以期来者⑧，是非先也。人而无以先人，无人道也⑨。人而无人道，是之谓陈人⑩。

卮言日出，和以天倪，因以曼衍⑪，所以穷年⑫。不言则齐⑬，齐与言不齐，言与齐不齐也，故曰"言无言⑭"。言无言，终身言，未尝言；终身不言，未尝不言。有自也而可⑮，有自也而不可；有自也而然⑯，有自也而不然。恶乎然？然于然；恶乎不然；不然于不然。恶乎可？可于可；恶乎不可？不可于不可。物固有所然，物固有所可。无物不然，无物不可。非卮言日出，和以天倪，孰得其久！万物皆种也，以不同形相禅⑰，始卒若环⑱，莫得其伦⑲，是谓天均⑳。天均者，天倪也。

注　释

①寓：寄托。"意在此而言寄于彼。"（王先谦《庄子集解》）十九：十分之九。

②重言："借古人之名以自重，如黄帝、神农、孔子是也。"（林希逸《南华真经口义》）一说庄重之言。按：寓言占全书的十分之九，与重言占全书的十分之七并不矛盾，因《庄子》书中许多文字既属寓言，又属重言，二言往往并用。

③卮言："卮满则倾，卮空则仰，空满任物，倾仰随人，无心之言，即卮言也。"（成玄英《庄子疏》）"指事类情，如卮泻水，谓来则应之，不豫先拟议。"（刘凤苞《南华雪心编》）一说，支离之言。卮，酒器。日出：日新。

④和：合。天倪：自然的分际，自然。

⑤"非吾"二句：谓不是父亲称誉儿子有过错，而是听者往往怀疑不实，致使不信的过错。

⑥已言：止人争辩之言（王夫子《庄子解》）。已，止。

⑦耆艾：长老，对老人的尊称。

⑧经纬本末：指真才实学。期：待。

⑨人道：为人之道。

⑩陈人：老朽无用之人。

⑪曼衍：随事物引申发挥。

⑫穷年：尽年，指消磨岁月而穷尽天年。

⑬齐：齐同。

⑭言无言：原作"无言"，脱一"言"字，据高山寺本补。

⑮自：根由，缘故。

⑯然：是，正确。

⑰禅：传续，传承。

⑱始卒：始终。

⑲伦：端绪，结果。

⑳天均：自然均衡。

寓言占了十分之九，重言占了十分之七，卮言日新，合于自然的变化。

寓言所占的十分之九，借外人外物来说明，就像父亲不为亲生儿子做媒一样。父亲称赞亲生儿子，不如外人称赞更好。这并非我的过错，这是人家怀疑不信的过错。与自己看法相同的便响应，不与自己相同的便反对。同于自己看法的便认为是正确的，异于自己看法的便认为是错误的。

重言占的十分之七，为的是止住别人的争辩之言，这些都是长老的话，可师可信还有什么可争辩呢？如果仅是年岁大于别人，而没有道德才智令后来人期待，这算不上是先辈长老。这样的人在道德才智上不能居人之先，也就丧失了为人之道。人若是没有为人之道，只能称为老朽之人。

卮言日新，合乎自然的变化，随着事物变化而不断引申生发，所以可以消磨岁月而享尽天年。不说话而事理自然是齐同的，齐同的事理与分辩事理的言论是不齐同的，由于分辩之言与齐同的事理不是齐同的，所以"要说没有分辩的话"。说些没有分辩的话，虽然终身在说，实际上从来也没有说；虽然终身不曾说，但是未尝没有说。有理由可以认可，有理由也可以不认可；有理由可以说说是，有理由也可以不说是。什么叫是？是就是是；什么叫不是？不是就是不是。什么叫可以？可以就是可以；什么叫不可以？不可以就是不可以。万物本来就有可称为是的，万物本来就有可以认可的。没有事物不可以称是的，也没有事物不可以认可的。不是卮言日新，符合自然的分际，什么言论可以传之久远呢！万物都是种类的延续，以不同的形体相继承，开始和终端如同圆环那样循环往复，永远看不到端绪，这就叫做自然的均衡。自然的均衡，也就是自然的分际。

原文

曾子再仕而心再化①，曰："吾及亲仕，三釜而心乐②；后仕，三千钟而不泣^③，吾心悲。"

弟子问于仲尼曰："若参者，可谓无所县其罪乎^④？"

曰："既已县矣！夫无所县者，可以有哀乎？彼视三釜、三千钟^⑤，如观雀蚊虻相过乎前也。"

注释

①曾子：曾参，孔子弟子。化：指心境的变化。

②釜：古代量器，六斗四升为一釜。

③钟：古代量器，六斛四斗为一钟。泊：及。

④县：同"悬"，系。

⑤彼：指无所悬挂的人。

译文

曾子再次做官时，他的心境又有了变化，说："我当双亲在世时做官，俸禄只有三釜而心里非常快乐；后来做官，俸禄虽有三千钟，却不及奉养双亲，我心里非常悲伤。"

弟子问孔子说："像曾参这样的人，可以说没有利禄的牵累之罪了吧？"

孔子说："他已经受到牵累了！要是心中没有牵累，能够心怀悲哀吗？对于那心无所系的人来说，他们看到三釜或三千钟的俸禄，就像看到鸟雀、蚊虻从眼前飞过一样。"

原文

众罔两问于景曰^①："若向也俯而今也仰^②，向也括撮而今也被发^③，向也坐而今也起，向也行而今也止，何也？"

景曰："搜搜也^④，奚稍问也^⑤！予有而不知其所以^⑥。予，蜩甲也^⑦，蛇蜕也，似之而非也。火与日，吾屯也；阴与夜，吾代也^⑧。彼^⑨，吾所以有待邪？而况乎以无有待者乎！彼来则我与之来，彼往则我与之往，彼强阳则我与之强阳^⑩。强阳者，又何以有问乎？"

注 释

①罔两：影外微阴。景：同"影"。

②若：你。向：从前。

③括撮：束结头发。被：同"披"。

④搜搜：犹言"区区"。

⑤奚稍问：何足问。奚，何。稍，同"屑"。

⑥有：指俯仰行止等行为。

⑦蜩甲：蝉蜕的皮壳。

⑧代：谢，消失。

⑨彼：指形体。

⑩强阳：徜徉，运动的样子。

译 文

影外微阴们问影子说："刚才你俯身而现在又仰头，刚才你还束结着头发而现在又披起发来，刚才你还坐着而现在站了起来，刚才你还走路而现在又止步不动，这是什么原因呢？"

影子说："区区小事，何须问呢！我是有那些举止，但不知道其中的缘故。我，像那蝉壳，像那蛇皮，有点像却又不是。火光和太阳一旦出现，我就聚起显现；阴天和夜晚一旦到来，我就被取代而消亡。那有形的东西真是我所依赖的吗？何况那没有任何可依赖的事物呢！它来我就随之而来，它去我就随之而去，它活动我就随之而活动。我不过是个活动的影子，你们有什么好问的呢？"

让 王

　　鲁君闻颜阖得道之人也①，使人以币先焉②。颜阖守陋间，苴布之衣③，而自饭牛。鲁君之使者至，颜阖自对之。使者曰："此颜阖之家与？"颜阖对曰："此阖之家也。"使者致币。颜阖对曰："恐听谬而遗使者罪，不若审之。"使者还，反审之，复来求之，则不得已！故若颜阖者，真恶富贵也。

　　故曰：道之真以治身④，其绪余以为国家⑤，其土苴以治天下⑥。由此观之，帝王之功，圣人之余事也，非所以完身养生也。今世俗之君子，多危身弃生以殉物，岂不悲哉！凡圣人之动作也，必察其所以之与其所以为⑦。今且有人于此，以随侯之珠⑧，弹千仞之雀，世必笑之。是何也？则其所用者重而所要者轻也。夫生者岂特随侯之重哉⑨！

注 释

①颜阖：鲁国隐者。

②币：币帛。先：先表明敬意。

③苴布：麻布，粗布。

④道之真：道的精华。

⑤绪余：残余。

⑥土：粪。苴：草。

⑦所以之：所追求的目的。之，往。所以为：所以这样做的原因。

⑧随侯之珠：古代名珠，随侯得于濮水。

⑨随侯之重：即指"随侯之珠重"，脱一"珠"字。

译　文

鲁君听说颜阖是个得道的人，便派人带着币帛先去致意。颜阖居住在陋巷里，穿着粗布衣服，亲自在喂牛。鲁君的使者来到这里，颜阖亲自出来招待他。使者说："这是颜阖家吗？"颜阖回答说："这正是我的家。"使者送上礼物币帛，颜阖回答说："恐怕误听而给使者造成过错，不如回去再审核一遍。"使者返回，反复审核无误，又来找颜阖，这时却找不到他了！所以说，像颜阖这样的人，真正是厌恶富贵的人。

所以说：道的精华可以修心养性，它的残余可以治理国家，它的粪草可以用来治理天下。由此看来，帝王的功业，只不过是圣人多余的小事，不能用来保存性命、修养心性的。现在世俗中的君子，多是危害身体、舍弃生命去追逐外物的享受，岂不是可悲的事情！凡是圣人的一举一动，必定要察明所以这样做的原因和目的。现在如果有这样的人，他用随侯之珠去弹射在高空飞翔的麻雀，世人恐怕都会耻笑他。这是什么原因呢？这是因为他所用的东西贵重，而所要得到的东西轻贱。说到生命，岂止像随侯之珠那般贵重呢！

原　文

楚昭王失国①，屠羊说走而从于昭王②。昭王反国，将赏从者。及屠羊说③。屠羊说曰："大王失国，说失屠羊。大王反国，说亦反屠羊。臣之爵禄已复矣，又何赏之有。"

王曰："强之。"

屠羊说曰："大王失国，非臣之罪，故不敢伏其诛；大王反国，非臣之功，故不敢当其赏。"

王曰："见之④。"

屠羊说曰："楚国之法，必有重赏大功而后得见。今臣之知不足以存国，而勇不足以死寇。吴军入郢，说畏难而避寇，非故随大王也⑤。今大王欲废法毁约而见说，此非臣之所以闻于天下也。"

王谓司马子綦曰[6]："屠羊说居处卑贱而陈义甚高，子其为我延之以三旌之位[7]。"

屠羊说曰："夫三旌之位，吾知其贵于屠羊之肆也[8]；万钟之禄，吾知其富于屠羊之利也。然岂可以贪爵禄而使吾君有妄施之名乎？说不敢当，愿复反吾屠羊之肆。"遂不受也。

注释

①楚昭王：名轸，楚平王之子。失国：丧失国家。

②屠羊说：屠羊者名说，因从事屠羊之业，故名。走：逃。

③及：赏到。

④见之：召见他。

⑤故：有心。

⑥司马：官名。子綦：人名。

⑦其：原误作"綦"，据《道藏》本《南华真经章句音义》诸本改。延：请。三旌：三公。

⑧肆：店铺。引申为屠羊之业。

译文

楚昭王丧失了国土，屠羊说跟着楚昭王逃亡。后来楚昭王返回国家，准备奖赏随从逃亡的人。赏到屠羊说时，屠羊说说："大王丧失国土，我丧失了屠羊之业。大王返回国家，我也恢复了屠羊之业。我的爵禄已经恢复了，又有什么好赏的呢？"

楚昭王说："强迫他接受。"

屠羊说说："大王丧失国土，不是我的罪过，所以不敢接受惩处；大王返回国家，不是我的功劳，所以不敢接受奖赏。"

楚昭王说："召见他。"

屠羊说说："按楚国的法令，必须有重赏大功的人而后才能得见。现在我的智慧不足以保存国家，而我的勇力不足以杀死敌寇。吴军攻入郢都时，我害怕灾难才躲避敌寇，并非有意追随大王的。如今大王想废弃法令、毁掉约定来召见我，这不是我愿意传闻天下的事。"

楚昭王对司马子綦说："屠羊说身处卑微的职位而陈述道义却非常深刻，你替我把他请来，担任三公的职位。"

屠羊说说："要说三公之位，我知道它比屠羊的事业高贵多了；要说万钟的俸禄，我知道它比屠羊的利益丰厚多了。然而怎么能贪求爵禄而让我的国君得到滥施恩惠的骂名呢？我不敢担当此职，愿意重新回到我屠羊的场所。"终于没有接受爵禄。

说　剑

原　文

昔赵文王喜剑①，剑士夹门而客三千余人②。日夜相击于前，死伤者岁百余人。好之不厌。如是三年，国衰，诸侯谋之③。

太子悝患之④，募左右曰："孰能说王之意止剑士者，赐之千金。"

左右曰："庄子当能。"

太子乃使人以千金奉庄子。庄子弗受，与使者俱往见太子，曰："太子何以教周，赐周千金？"

太子曰："闻夫子明圣，谨奉千金以币从者⑤。夫子弗受，悝尚何敢言。"

庄子曰："闻太子所欲用周者，欲绝王之喜好也。使臣上说大王而逆

王意，下不当太子^⑥，则身刑而死，周尚安所事金乎^⑦？使臣上说大王，下当太子，赵国何求而不得也！"

太子曰："然。吾王所见，唯剑士也。"

庄子曰："诺。周善为剑。"

太子曰："然吾王所见剑士，皆蓬头突鬓^⑧，垂冠，曼胡之缨^⑨，短后之衣，瞋目而语难，王乃说之^⑩。今夫子必儒服而见王，事必大逆。"

庄子曰："请治剑服。"治剑服三日，乃见太子。太子乃与见王。王脱白刃待之^⑪。

庄子入殿门不趋，见王不拜。王曰："子欲何以教寡人，使太子先^⑫？"

曰："臣闻大王喜剑，故以剑见王。"

王曰："子之剑何能禁制？"

曰："臣之剑十步一人，千里不留行^⑬。"

王大悦之，曰："天下无敌矣。"

庄子曰："夫为剑者，示之以虚，开之以利，后之以发，先之以至。愿得试之。"

王曰："夫子休，就舍待命，令设戏^⑭，请夫子。"

王乃校剑士七日^⑮，死伤者六十余人，得五六人，使奉剑于殿下，乃召庄子。王曰："今日试使士敦剑^⑯。"

庄子曰："望之久矣！"

王曰："夫子所御杖^⑰，长短何如？"

曰："臣之所奉皆可。然臣有三剑，唯王所用。请先言而后试。"

王曰："愿闻三剑。"

曰："有天子剑，有诸侯剑，有庶人剑。"

（中略"天子之剑"与"诸侯之剑"之问答）

王曰："庶人之剑何如？"

曰："庶人之剑，蓬头突鬓，垂冠，曼胡之缨，短后之衣，瞋目而语难，相击于前，上斩颈领，下决肝肺。此庶人之剑，无异于斗鸡，一旦命已绝矣，无所用于国事。今大王有天子之位而好庶人之剑，臣窃为大王薄之⑱。"

王乃牵而上殿，宰人上食⑲，王三环之。庄子曰："大王安坐定气，剑事已毕奏矣！"

于是文王不出宫三月，剑士皆服毙其处也⑳。

注 释

①赵文王：即赵惠文王，赵武灵王之子。

②夹门：拥门，聚于门。

③谋之：图谋攻打它。

④太子悝：虚构的赵文王之子。

⑤币从者：犒劳随从。

⑥不当：不符合。

⑦事：使用。

⑧突鬓：鬓毛突出。

⑨曼胡之缨：粗实的帽缨。曼，通"缦"，粗布无纹理。胡，粗。

⑩说：同"悦"。

⑪脱白刃：把雪白的利剑拔出来。

⑫先：指先作介绍。

⑬千里不留行：指所向无敌，行千里而不被阻留。

⑭设戏：安排比剑活动。

⑮校：较量。

⑯敦：借为"对"，比。

⑰御：用。杖：指剑。

⑱薄：鄙视。

⑲宰人：负责国君膳食的官。

⑳服毙：自杀。服，借为"伏"，高山寺本作"伏"。

译 文

从前赵文王喜好剑术，剑士们聚在门下为客人的就有三千多人。这些剑士们日夜不停地斗剑，一年就有一百多人死伤，但是赵文王仍是酷爱不厌。如此过了三年，国家衰落，其他诸侯国就想攻占赵国。

太子悝对此事很是担忧，便招募左右的随从说："谁能说服国王让他抛弃让剑士不断比剑这一嗜好的，我赐给他千金。"

左右随从说："庄子应当能行。"

太子便派人带着千金奉送庄子。庄子不接受，和使者一起前去见太子，说："太子有什么指教，为什么要送我千金之重的礼物呢？"

太子说："听说先生圣明，谨奉送千金给先生犒劳随从。先生不接受，我哪里还敢多言呢？"

庄子说："听说太子想使用我，为的是想杜绝君王的喜好。倘若我向上说服大王而违逆了大王的心意，下面又不符合太子的旨意，就会遭刑戮而死亡，我还要千金有什么用呢？假使我能够向上说服大王，向下合乎太子的旨意，那么我向赵国要什么会得不到呀！"

太子说："好吧。我的父王所接见的，只有剑士。"

庄子说："是的。我善于用剑。"

太子说："不过我父王所见的剑士，都是蓬头垢面，鬓毛突出，帽檐低垂，粗实的帽缨，短后的上衣，瞪着眼珠子，说话很不流利，这样子父王才高兴。现在先生如果穿着儒服去见父王，事情就必然不能成功。"

庄子说："那么就准备剑士服装吧。"三天后剑士服装备齐，这才去见太子。太子和庄子一起去见赵文王。赵文王亮出雪白的剑锋来接见庄子。

庄子进殿并不按着礼节快步上去，见着赵文王也不跪拜。赵文王说："你打算说些什么来指教寡人，让太子先行推荐呢？"

庄子说："我听说大王喜欢剑术，所以用剑术来拜见大王。"

赵文王说："你的剑术怎样阻遏和战胜对手呢？"

庄子说："我的剑术可以十步之内取人首级，千里之途无人敢挡。"

赵文王大悦，说："我找到天下无敌之剑了。"

庄子说："用剑之道，先示人以玄妙，开剑展现锋利，后发制人，剑光先至。希望能够让我比试比试。"

赵文王说："先生先去休息，返回馆舍中待命，等我安排好击剑比赛，再去请先生。"

赵文王让剑士们较量了七天，死伤者有六十多人，选出了五六个人，让他们捧着剑侍立在殿下。于是召庄子过来，说："今天请尝试与剑士们对剑。"

庄子说："盼望很久了！"

赵文王说："先生所用之剑，长短如何？"

庄子说："我所用的剑长短皆可。不过我有三剑，任凭君王选用。请先让我说明一下，然后再试。"

赵文王说："愿听三剑之说。"

庄子说："有天子之剑，有诸侯之剑，有庶人之剑。"

（中略"天子之剑"与"诸侯之剑"的有关问答文字。）

赵文王说："庶人之剑怎么样？"

庄子说："庶人之剑，蓬头垢面，鬓毛突出，帽檐低垂，粗实的帽缨，短后的上衣，瞪着眼珠子，说话不流利，彼此上前相击，上斩脖颈，下穿肝肺。这就是庶人之剑，与斗鸡没有区别，一旦小命呜呼，对于国事毫无补益。现在大王拥有天子之位，却喜好庶人之剑，我私下替大王鄙视这种做法。"

赵文王于是拉着他上殿，厨师端上饭菜，赵文王围着餐桌绕了三圈，还没有坐下。庄子说："请大王安定地就座，平心静气，我的剑术已经呈奏完毕。"

于是赵文王三个月不出宫殿，剑士们等在原先的居所里，都气愤地自杀了。

渔 父

孔子游乎缁帷之林①，休坐乎杏坛之上②。弟子读书，孔子弦歌鼓琴。奏曲未半，有渔父者，下船而来，须眉交白③，被发揄袂④，行原以上，距陆而止，左手据膝，右手持颐以听。曲终而招子贡、子路，二人俱对。

客指孔子曰："彼何为者也？"

子路对曰："鲁之君子也。"

客问其族。子路对曰："族孔氏。"

客曰："孔氏者何治也？"

子路未应，子贡对曰："孔氏者，性服忠信，身行仁义，饰礼乐，选人伦⑤。上以忠于世主，下以化于齐民⑥，将以利天下。此孔氏之所治也。"

又问曰："有土之君与？"

子贡曰："非也。"

"侯王之佐与？"

子贡曰："非也。"

客乃笑而还行，言曰："仁则仁矣，恐不免其身。苦心劳形，以危其真[7]。呜呼！远哉，其分于道也。"

子贡还，报孔子。孔子推琴而起，曰："其圣人与？"乃下求之，至于泽畔，方将杖拏而引其船[8]，顾见孔子，还乡而立[9]。孔子反走[10]，再拜而进。

客曰："子将何求？"

孔子曰："曩者先生有绪言而去[11]，丘不肖，未知所谓，窃待于下风[12]，幸闻咳唾之音，以卒相丘也。"

客曰："嘻！甚矣，子之好学也！"（下略）

孔子愀然曰："请问何谓真？"

客曰："真者，精诚之至也。不精不诚，不能动人。故强哭者，虽悲不哀；强怒者，虽严不威；强亲者，虽笑不和。真悲无声而哀，真怒未发而威，真亲未笑而和。真在内者，神动于外，是所以贵真也。其用于人理也[13]，事亲则慈孝，事君则忠贞，饮酒则欢乐，处丧则悲哀。忠贞以功为主，饮酒以乐为主，处丧以哀为主，事亲以适为主。功成之美，无一其迹矣[14]；事亲以适，不论所以矣；饮酒以乐，不选其具矣；处丧以哀，无问其礼矣。礼者，世俗之所为也；真者，所以受于天也，自然不可易也。

故圣人法天贵真，不拘于俗。愚者反此，不能法天而恤于人⑮，不知贵真，禄禄而受变于俗⑯，故不足。惜哉，子之蚤湛于人伪而晚闻大道也⑰！"

孔子又再拜而起曰："今者丘得遇也，若天幸然⑱。先生不羞而比之服役⑲，而身教之。敢问舍所在，请因受业而卒学大道。"

客曰："吾闻之，可与往者与之⑳，至于妙道；不可与往者，不知其道，慎勿与之，身乃无咎。子勉之，吾去子矣，吾去子矣！"乃刺船而去㉑，延缘苇间㉒。（下略）

注 释

①缁帷：虚拟地名。缁，黑色。

②杏坛：传说孔子聚徒讲学处。坛，高台。

③交：皆。

④揄袂：挥袖。

⑤选：序。

⑥齐民：齐等之民，平民。

⑦真：天然的本性。

⑧杖拏：持篙。引：撑。

⑨乡：通"向"。

⑩反走：后退。

⑪曩者：刚才。绪言：不尽之言。

⑫下风：风的下方，表示谦卑。

⑬人理：人伦。

⑭迹：形迹，指形式、方法。

⑮恤于人：忧心于人事。恤，忧。

⑯禄禄：读作"碌碌"。

⑰蚤：通"早"。湛：沉溺。

⑱幸：宠幸。

⑲服役：仆役，指弟子。

⑳往：指能够迷途知返的人。与：交往。

㉑刺：撑，划。

㉒延：缓，慢行。缘：顺，沿。

译文

孔子在缁帷之林游玩，坐在杏坛之上休息。弟子读书，孔子弹琴吟唱。曲子还没有弹到一半，有一个渔父从船上下来，胡须眉毛都是白的，披着头发，挥着袖子，沿着河岸上来，到了陆地便停住了，左手按着膝盖，右手托着下巴，听着那曲子。曲子奏完，渔父便招子贡、子路过去，子贡两人便回答了渔父的问话。

渔父指着孔子说："他是干什么的？"

子路回答说："他是鲁国的君子。"

渔父问他的姓氏。子路说："他姓孔。"

渔父说："姓孔的做什么事呢？"

子路没有回应。子贡回答说："孔氏这人，思想上信守忠信，行为上推行仁义，修治礼乐，确定人伦关系。对上效忠于世主，对下教化平民，将会给天下带来利益。这就是孔氏所做的事业。"

渔父又问道："他是据有土地的君主吗？"

子贡说："不是。"

"那么他是侯王的辅佐吗？"

子贡说："不是。"

于是渔父笑着往回走，边走边说："说他是仁吗？还算是仁，不过恐怕难以避免自身的祸害了。他内心愁苦，形体劳累，因此就要危害他的真性了。唉！他离开大道，实在太远了！"

子贡回来，报告了孔子。孔子忙放下琴，起身说："这不是个圣人吗？"于是下了杏坛去寻找，到了河岸，渔父正拿着船篙撑船，回头看见孔子，便转过身来面向孔子站着。孔子退了几步，拜了又拜，这才向前靠近。

渔父说："你有什么事相求吗？"

孔子说："刚才先生说话，没有说完就走了，我很愚笨，不知什么意思，我私下在此恭候先生，希望有幸听到先生的高论，以便终能有助于我。"

渔父说："好哇，你谦虚好学竟然到了这样的程度！"（下略）

孔子惶恐惭愧地问道："请问什么叫真？"

渔父说："所谓的真，就是精诚到了极高境界。如果不精纯、不诚实，就不能感化人。所以勉强哭泣的人，虽然悲啼却不哀伤；勉强发怒的人，虽然严厉却没有威力；勉强亲爱的人，虽然笑容满面却不和美。真的伤悲，就是不出声也让人哀怜；真的愤怒，就在没有发作前就已经令人畏惧；真的亲爱，用不着笑就已经和美。真性存于内心，精神就会显露在外，这就是贵真的原因。把真运用到人伦关系上，侍养双亲就会孝慈，侍奉君主就会忠贞，饮酒时便会欢乐，处理丧事时就会悲哀。对君主的忠贞以建立功绩为主，饮酒时以欢乐为主，处丧时以悲哀为主，侍奉双亲以安适为主。功业的完满建立，没有一定途径；侍奉双亲使他们安适，不讲究用什么方法；饮酒达到快乐，不在于选择什么器具；处理丧事体现悲哀，不管使用什么礼节。礼节是世俗之人设计出来的，真性是禀受于自然的，是自然而然而不可改变的。所以圣人取法于自然，贵重纯真，不受世俗的拘束。愚昧的人却与此相反，不能取法自然而体恤人，不明白贵真的道理，匆匆碌碌随着世俗而变化，所以永远感不到满足。可惜啊，你早就沉溺于世俗的虚伪之中，听到大道太晚了！"

孔子又拜了两次而起身说:"现在我能够遇见先生,好像天赐良机。先生不以为羞辱,把我当做门徒,亲自教导我。敢问居所何处,让我跟着受业而最终能够学到大道。"

渔父说:"我听说,可以和迷途知返的人交往,直至传授他玄妙之道。不能迷途知返的人,不会懂得大道,慎勿与他交往,这样自己才可以免于祸害。你好自为之吧,我要离你而去了,我要离你而去了!"于是撑船而走,慢慢地顺着芦苇丛划向远处。(下略)

列御寇

原 文

宋人有曹商者,为宋王使秦①。其往也,得车数乘。王说之,益车百乘。反于宋,见庄子曰:"夫处穷闾厄巷②,困窘织屦,槁项黄馘者③,商之所短也;一悟万乘之主而从车百乘者,商之所长也。"

庄子曰:"秦王有病召医,破痈溃痤者得车一乘④,舐痔者得车五乘⑤,所治愈下,得车愈多。子岂治其痔邪?何得车之多也?子行矣!"

注 释

①使秦:出使秦国。

②厄:通"隘"。狭窄。

③槁项:脖颈瘦细无肉。黄馘:面孔黄瘦。

④痈、痤:皆为脓疮、毒疮一类病。

⑤舐:舔。

译文

宋国有个叫曹商的人，为宋王出使秦国。他出发时，得到了好几辆车。秦王很喜欢他，赠送他一百辆车。曹商回到宋国，见了庄子，说道："像有人那样，住在穷街窄巷，窘困地编织草鞋度日，一副面黄肌瘦的样子，这是我所不及的；一夜之间说服万乘君主，从而获取一百辆车的恩赐，这是我的特长啊。"

庄子说道："秦王得了病召集大夫来医治，凡是能破除毒疮的人就可以获得一辆车，愿意用舌舔治痔疮的就可以获得五辆车，所治疗的病越是卑污，获得的车辆就越多，莫非你给秦王治疗痔疮了吗？为什么获得这么多的车辆呢？你还是走远点吧！"

原文

庄子将死，弟子欲厚葬之。庄子曰："吾以天地为棺椁，以日月为连璧①，星辰为珠玑②，万物为赍送③。吾葬具岂不备邪？何以加此！"

弟子曰："吾恐乌鸢之食夫子也④。"

庄子曰："在上为乌鸢食，在下为蝼蚁食，夺彼与此，何其偏也。"

以不平平⑤，其平也不平；以不征征⑥，其征也不征。明者唯为之使⑦，神者征之⑧。夫明之不胜神也久矣，而愚者恃其所见入于人⑨，其功外也⑩，不亦悲乎！

注释

①连璧：并连双璧。

②玑：不圆之珠。

③赍送：指送葬品。

④乌：乌鸦。鸢：老鹰。

⑤以不平：以不公平使之公平。谓不顺从自然本性的公平使它公平，而是根据一己私念的不公平使它公平。

⑥征：征验。

⑦明者唯为之使：自以为聪明的人被外物役使。

⑧神者：指精神健全者，保持自然天性的人。

⑨入于人：指沉溺于人为之事中。

⑩功外：指耗精费神所费的功力都是被外物所役使，对自身毫无益处。

译文

庄子快要死的时候，弟子们打算厚葬他。庄子说："我把天地作为棺木，把日月作为双璧，把星辰作为珠宝，把万物当作送葬礼物，我的送葬的器物难道还不够齐备吗？还有什么能够超过这些呢？"

弟子们说："我们恐怕乌鸦老鹰吃你的身体。"

庄子说："在上面被乌鸦老鹰吃，在下面被蝼蛄蚂蚁吃，夺了那一个的食物给了这一个吃，多么偏心眼啊。"

用不公平的办法来达到公平，这种公平还是不公平；用不能够征验的东西来作征，这种征验的结果还是未能征验。自以为聪明的人只会被外物所役使，精神健全的人才能顺其自然而得到征验。自以为聪明的人早就不如精神健全的人了，而愚昧的人还凭恃着自己的偏见陷入人为的事情中，他的功力耗费在身外之物上，不也是很可悲嘛！

天　下

原　文

天下之治方术者多矣①，皆以其有为不可加矣。古之所谓道术者②，果恶乎在？曰："无乎不在。"曰："神何由降③？明何由出④？""圣有所生，王有所成，皆原于一⑤。"

不离于宗，谓之天人；不离于精，谓之神人；不离于真，谓之至人⑥。以天为宗，以德为本，以道为门，兆于变化，谓之圣人⑦；以仁为恩，以义为理，以礼为行，以乐为和，薰然慈仁，谓之君子⑧；以法为分，以名为表，以参为验，以稽为决，其数一二三四是也，百官以此相齿⑨；以事为常，以衣食为主，蕃息畜藏，老弱孤寡为意，皆有以养，民之理也⑩。

古之人其备乎？配神明，醇天地⑪，育万物，和天下，泽及百姓，明于本数，系于末度⑫，六通四辟，小大精粗，其运无乎不在。其明而在数度者⑬，旧法、世传之史尚多有之；其在于《诗》《书》《礼》《乐》者，邹鲁之士、搢绅先生多能明之⑭。《诗》以道志，《书》以道事，《礼》以道行⑮，《乐》以道和，《易》以道阴阳，《春秋》以道名分。其数散于天下而设于中国者，百家之学时或称而道之。

天下大乱，贤圣不明，道德不一。天下多得一察焉以自好。譬如耳目鼻口，皆有所明，不能相通；犹百家众技也，皆有所长，时有所用。虽然，不该不遍⑯，一曲之士也。判天地之美，析万物之理，察古人之全⑰，寡能备于天地之美，称神明之容。是故内圣外王之道⑱，暗而不明，郁而不发，天下之人各为其所欲焉以自为方。悲夫，百家往而不反，

必不合矣！后世之学者，不幸不见天地之纯，古人之大体。道术将为天

注 释

①治：研究。方术：道术中的一个方面。

②道术：反映天道之术。

③神：神圣，圣人。

④明：明王。

⑤一：指道

⑥"不离于宗"六句：宗、精、真，皆指道体而言。宗，从大道的本质方面说；精，从大道的精纯不杂方面说；真，从大道的真实不诬方面说。天人、神人、圣人，皆指体道者而言，体道的方面不同，其本质是相同的，即同归于一个"道"。

⑦"以天为宗"五句：天，指天然。宗，主宰。德，指本性。道，即大道。门，门径，途径。兆，征兆，预兆。

⑧"以仁为恩"六句：讲君子的作为，主要指的是儒家。薰然，温和的样子。

⑨"以法为分"六句：主要讲法家的作为。分，名分。表，标识。参，比较，参考。稽，考察。齿，序列，排序。

⑩"以事为常"六句：讲百姓的作为。事，指耕作等劳动。常，常业。蕃息畜藏，繁衍、生殖、积蓄、储藏。畜，通"蓄"。

⑪醇：借为"准"。

⑫末度：指礼法的末节。

⑬数度：指礼乐制度。

⑭士：士人，即学者。搢绅：仕人，即官吏。

⑮行：行为规范。

⑯该：完备。遍：全面。

⑰"判天地之美"三句：判，割裂。析，离析。察，读为"杀"，减损，破坏。

⑱内圣外王之道：梁启超认为此语"包举中国学术之全部，其旨归在于内足以资修养而外足以经世"。

译 文

天下研究方术的人很多，都认为自己所获得的成就无以复加了。古代所谓的道术，到底在哪里呢？回答是："无所不在。"若问："圣人从哪里诞生？明王从何处出现？"回答是："圣人有他诞生的原因，明王有他成就的根由，都是源于大道。"

不背离大道本质的，称为天人；不背离大道精纯的，称为神人；不背离大道本真的，称为至人。以自然为主宰，以德性为根本，以大道为门径，预知变化的征兆，称为圣人；以仁爱来施行恩惠，以义来分别事理，以礼来规范行动，以音乐来调和性情，充溢着温和仁慈的言行，称为君子；以法度分别各自不同的名分，以名号标明各自不同的实际，用比较的方法来验证事物，用考察的方法来决断事物，就像一二三四数列那样分明，百官的序列就是如此确定的；把耕作劳动作为常业，把衣食作为关注的主要问题，用心于繁衍生息和积蓄储存，关注老弱孤寡的生活，让他们都能得到抚养，这是民生的道理。

古代的得道者不是很完备吗？他们具备了圣人和明王的道德，取法于天地，而能哺育万物，调和天下，恩泽施于百姓，通晓大道的根本，掌握末端的具体法度，六合通达而四时顺畅，大小精粗，应时变化，无所不发挥作用。古代道术明显表现在礼法度数方面的，在旧的法规法令中和世传的史书中多有记载；那些记载在《诗》《书》《礼》《乐》书中的，邹、鲁之地的学者和官吏大多还能明白其中的道理。《诗经》是用来

表达思想感情的，《尚书》是记载政
事的，《礼》是讲述行为规范的，《乐
记》是讲述调和情绪的，《易经》是
讲述阴阳变化规律的，《春秋》是讲
述名位职守的。这些学问散布于天下
而施行在中原的，百家之学中时有称
引和讲述。

　　天下大乱之后，圣贤的学说不
再显明于世，道德标准也出现了分
歧。天下的人各以一己之偏见自以为
是。譬如耳目鼻口各有功用，却不能
相互替代；犹如百家的各种技艺，都
有自己的特长，适时方有所用。虽然如此，对于不能兼备众说，不能周遍
物理的，只能是一孔之见的曲士。他们割裂了天地的和美，离析了万物的
常理，破坏了古人完美的道德，很难具备天地的自然纯美，相称于神明的
形容。所以内圣外王之道，暗淡而不光明，抑郁而不勃发，天下之人各为
自己的喜好，偏执一己的方术。可悲啊，百家的学术走向一偏而不知道回
归，势必与古人的道术不能相合了！后世的学者，最为不幸的是，再也见
不到天地的纯美和古人完美的道德风貌。古人的道术将被这一代的天下人
所割裂毁掉了。

原　文

　　以本为精①，以物为粗，以有积为不足②，淡然独与神明居③。古之道
术有在于是者，关尹、老聃闻其风而悦之④。建之以常无有⑤，主之以太
一⑥，以濡弱谦下为表⑦，以空虚不毁万物为实⑧。

　　关尹曰："在己无居⑨，形物自著⑩。"其动若水，其静若镜，其应若响⑪。芴乎若亡⑫，寂乎若清。同焉者和⑬，得焉者失。未尝先人⑭，而常随人。

老聃曰："知其雄，守其雌，为天下谿⑮；知其白，守其辱，为天下谷⑯。"人皆取先，己独取后，曰受天下之垢⑰。人皆取实，己独取虚，无藏也故有余，岿然而有余。其行身也，徐而不费⑱，无为也而笑巧⑲。人皆求福，己独曲全⑳，曰苟免于咎㉑。以深为根，以约为纪，曰："坚则毁矣，锐则挫矣㉒。"常宽容于物，不削于人㉓，可谓至极。

关尹、老聃乎，古之博大真人哉！

注 释

①本：指大道之本。

②以有积为不足：老子主张："圣人不积。既以为人己愈有，既以与人己愈多。"

③神明：指自然。

④关尹：姓严，名喜，字公度，为函谷关令，学于老子。

⑤建：建立，树立。常无有：即"常无"与"常有"。《老子》第一章："故常无，欲以观其妙；常有，欲以观其徼。"解释自然规律的两个哲学概念。

⑥太一：即道。《老子》第三十九章："天得一以清，地得一以宁，神得一以灵，谷得一以盈，万物得一以生，侯王得一以为天下贞。"

⑦濡弱：柔弱。表：外表。

⑧毁：伤。实：里，与"表"对言。

⑨在己无居：自己不存私见。居，止。

⑩形物自著：有形之物自然昭著。

⑪响：回声。

⑫芴：通"惚"，恍惚。亡：无。

⑬同：指混同万物。和：和谐。《老子》第五十章："和其光，同其尘。"

⑭未尝先人：即《老子》"不敢为天下先"之意。

⑮"知其雄"三句：见《老子》第二十八章。谿，与下文"谷"同义，指虚而大，能容纳一切。

⑯"知其白"三句：见《老子》第二十八章。

⑰受天下之垢：句意见《老子》第七十八章："受国之垢，是谓社稷主；受国不祥，是为天下王。"垢，辱垢。

⑱徐：从容不迫，安舒。费：耗神。

⑲巧：机巧，智谋。

⑳曲全：委曲求全。

㉑苟：但。咎：祸。

㉒"坚则毁矣"二句：语意出于《老子》第七十六章："坚强者，死之徒。"

㉓削：侵削。

译 文

把根本的大道视为精妙的，把派生的万物视为粗疏的，把外物的积累视为不足的，恬淡无为而独与自然融为一体。古代的道术有这方面的内容，关尹、老聃听到这种风尚就十分喜悦。他们树立"常无""常有"的学说，把大道视为自己学说的基础，把柔弱和谦下视为外在的表现，把内心虚空、不毁伤万物视为内在的实质。

关尹说："自己没有主观偏见，有形之物各自彰显。"他活动时像流水一样自然，静止时像镜子一样清明，动静无心，犹如空谷回声。恍惚之中像是空洞无物，寂寞之中像是清虚无有。与万物混同的人和谐，一心想获得的人丧失。未尝跑在别人前头，而常常随在人们的后面。

老聃说:"知道雄的坚强,却持守雌的柔弱,便能成为容纳万物的豁谷;知道明亮,却安于暗昧,便能成为容纳天下的山谷。"人人都争先,我自甘落后,这就是说愿意承受天下人的垢辱。人人都追求实惠,我独索取虚无,正因为没有积蓄,所以感到富足,富足得如高山般的堆积。他的立身行事,从容不迫,不损精神,恬淡无为而耻笑耍弄智巧的人。人人都在追求福禄,自己却独委曲求全,说这样做姑且免于祸端。以精深为根本,以俭约为纲纪,说:"坚强的容易毁坏,锐利的容易挫折。"常常宽容待物,不侵削别人,可以说已经达到了最高境界。

关尹、老聃,可谓是古来博大的真人啊!

原 文

惠施多方①,其书五车,其道舛驳②,其言也不中③。历物之意④,曰:"至大无外,谓之大一;至小无内,谓之小一。无厚,不可积也,其大千里。天与地卑,山与泽平。日方中方睨⑤,物方生方死。大同而与小同异,此之谓'小同异⑥';万物毕同毕异,此之谓'大同异⑦'。南方无穷而有穷⑧。今日适越而昔来⑨。连环可解也⑩。我知天之中央,燕之北、越之南是也⑪。泛爱万物,天地一体也。"

惠施以此为大,观于天下而晓辩者⑫,天下之辩者相与乐之。卵有毛⑬;鸡三足⑭;郢有天下⑮;犬可以为羊;马有卵⑯;丁子有尾⑰;火不热⑱;山出口⑲;轮不蹍地⑳;目不见㉑;指不至,至不绝㉒;龟长于蛇㉓;矩不方,规不可以为圆㉔;凿不围枘㉕;飞鸟之景未尝动也;镞矢之疾,而有不行、不止之时㉗;狗非犬㉘;黄马骊牛三㉙;白狗黑;孤驹未尝有母㉛;一尺之捶,日取其半,万世不竭㉜。辩者以此与惠施相应㉝,终身无穷。

桓团、公孙龙辩者之徒㉞,饰人之心㉟,易人之意,能胜人之口,不能服人之心,辩者之囿也。惠施日以其知与之辩,特与天下之辩者为怪㊱,

此其柢也⑰。

然惠施之口谈，自以为最贤，曰："天地其壮乎！"施存雄而无术。南方有倚人焉⑱，曰黄缭⑲，问天地所以不坠不陷，风雨雷霆之故。惠施不辞而应，不虑而对，遍为万物说。说而不休，多而无已，犹以为寡，益之以怪。以反人为实，而欲以胜人为名，是以与众不适也。弱于德，强于物，其涂隩矣⑳。由天地之道观惠施之能，其犹一蚊一虻之劳者也，其于物也何庸㉑！夫充一尚可㉒，曰愈贵道㉓，几矣！惠施不能以此自宁，散于万物而不厌，卒以善辩为名。惜乎！惠施之才，骀荡而不得㉔，逐万物而不反，是穷响以声㉕，形与影竞走也，悲夫！

注释

①惠施：姓惠，名施，宋人，曾为梁惠王相，先秦名家的代表人物。方：术。

②舛驳：驳杂不纯。

③中：合，当。

④历物之意：观察分析万物之理。

⑤睨：斜视，取其偏斜之意。

⑥"大同"二句：从事物局部的性质来讲，有大同、小同或小异、大异之分，所以称为"小同异"。

⑦"万物"二句：从事物的整体来说，又从"同"的角度来看，万物都是相同的；从"异"的角度看，万物无不是相异的，所以称为"大同异"。

⑧南方无穷而有穷：这是从空间的相对性而言的。因为"南方"这个概念本身就是相对的。

⑨今日适越而昔来：这是从时间的相对性提出的命题。我们讲的"今天""昨天"都是有条件的、相对产生的时间概念，而客观存在的时

间却是无限流动的。当我们指出这一个"今日"时，已经成为"昔来"了。

⑩连环可解：封闭的连环本是不可解开的，所以提出"连环可解"的命题，正是体现任何认识（结论）的条件性，突破认识（结论）的条件限制，这认识的结论也就相应被推翻了。就像平常讲的"连环不可解"的背后有"现在"的时间限定和"用手"的工具性限定，一旦否定它，原来的命题不成立了，新的命题又应时而成立了。

⑪"我知天"三句：意在说明天体本无方位，或称空间有无数的方位相对存在，因此你把中央定在哪里皆无不可。

⑫观：显示。晓：晓谕。

⑬卵有毛：命题体现了对生物进化及生物生长过程阶段性和连续性的观察与认识。就像鸡蛋可以孵化成带毛的小鸡，所以说"卵有毛"。

⑭鸡三足：《公孙龙子·通变》是这样论证的："谓鸡足，一；数足，二；二而一，故三。"这种命题，纯属数字游戏。

⑮郢有天下：谓郢都包括整个楚国。这个命题是从万物"毕同"的观点出发的。

⑯马有卵：谓马是卵生的。

⑰丁子有尾：谓蛤蟆有尾巴。丁子，蛙。蛙的幼子是蝌蚪，蝌蚪有尾所以提出这个命题。

⑱火不热：这个命题从本体论方面说，火的共相只是火，热的共相

只是热，二者绝对非一。从认识论来说，火的热出于人的感觉，热是主观的，在我不在火。

⑲山出口：旧说似皆不确，疑谓"山"字出于"口"字，属文字游戏类命题——"口"字上面一横拿开，竖放在中间，即是"山"字。

⑳轮不蹍地：此命题含有一定的科学认识，因为它强调了车轮蹍地的过程中，并非是整个车轮接触地面，而是极小的部位轮番地接触地面进行的。

㉑目不见：这个命题也有合理的成分。因为眼睛能看东西虽属眼睛的功能，但这功能的实现却有着许多的条件。如精神作用，又如无光无物或眼有病等都不能视见。

㉒指不至，至不绝：指事不能反映事物的实质，即使有所反映也不能绝对的穷尽。指，指所指事物的概念。

㉓龟长于蛇：此命题可以从两个方面来解：一是旨在说明长短大小的相对性而无绝对性；二是从事物的普遍性与特殊性来看问题，作为特殊性的存在，"龟长于蛇"即可成立。

㉔矩不方，规不可以为圆：谓矩不能画出绝对的方，规也不能画出绝对的圆。绝对的方是方的共相，绝对的圆是圆的共相，事实上的个体的矩、规和方、圆都不是绝对的方、圆，所以提出这个命题。

㉕凿不围枘：谓榫眼与榫头是不会完全相合的。凿，榫眼。围，合。枘，榫头。

㉖飞鸟之景未尝动：这一命题反映了古人把运动过程视为连续性位移的过程，即把运动所经过的空间及时间分割为许多的点，把某一时间与其相配的空间抽出来看，就可以见到某一时间的飞鸟之影停留在某一空间点上，也可以说是"未尝动"。景，古"影"字。

㉗"镞矢之疾"三句：这是关于静与动的相对性的命题，意在说明动

静不是绝对的，动的可以视为静止，静止的可以视为动。镞矢，箭头。

㉘狗非犬：古人称大犬为犬，小犬为狗，从一般性讲狗与犬同为一类，从个别性讲狗与犬有大小之别。这个命题说明了一般与个别的区别。

㉙黄马骊牛三：谓黄马与骊牛为二，加上"黄马骊牛"这一概念，就是三。此与"鸡三足"为同一类的命题。

㉚白狗黑：谓白狗是黑的。一说从颜色上来命名，白狗黑目，既可说是白狗，也可以说是黑狗，取其部位不同而已。一说从命名的主观性来说，既然可以称白色的狗为"白狗"，也可以称黑色的狗为"白狗"，所以有"白狗黑"的命题。

㉛孤驹未尝有母：死了生母的小马称为孤驹，脱离具体之"驹"的"孤"却与"未尝有母"的含义相同，但"孤驹"却与"未尝有母"之义相背，这是偷换概念的命题。

㉜"一尺之捶"三句：这个命题反映了"其小无内"的思想，即再小的物质也可以无限的分割，亦即物质是由无限小的单位组成。捶，木杖。

㉝相应：相互辩论。

㉞桓团：姓桓，名团，战国时赵国人。公孙龙：姓公孙，名龙，赵国人，名家重要人物，著有《公孙龙子》十四篇。

㉟饰：掩饰，蒙蔽。

㊱特：独。为怪：创立怪异之论。

㊲柢：大略。

㊳倚人：偏邪之人。

㊴黄缭：姓黄，名缭，楚国人，辩士。

㊵涂：同"途"。隩：深曲。

㊶庸：功，用。

㊷充一：充当一家之言。

㊸曰愈贵道：说更贵于道。道，自然之道。

㊹驰荡：放荡。

㊺穷响：堵住回声。

译文

惠施的学问广博多面，他的藏书有五车之多，他的学说驳杂不纯，他的言论也往往不合道理。他观察分析事物的道理，说："极大的东西没有外围，可以叫做'大一'；极小的东西没有内存，可以叫做'小一'。薄到没有厚度时，不可以累积，但其广大可以延伸千里之远。天空与地面一样的低下，高山与水泽一样的低平。太阳刚处于正中位置的同时也就是偏斜的开始，万物刚刚生出就开始走向死亡。'大同'与'小同'是相异的，这个称为'小同异'；万物都是相同的也都是相异的，这个称为'大同异'。南方是无限远的也是有限远的。今天方去越国而昨天已经到达。封闭的连环是可以解开的。我知道天下的中央，在燕地的北边也在越地的南边。要普遍地热爱万物，因为天地万物都是一样的。"

惠施以此诸多命题当做伟大的发现，显示于天下，并让那些善辩者知晓，而天下的善辩者都喜欢和他谈论这些问题。他们论辩的课题很多，诸如，卵中有毛；鸡有三只脚；郢都包括楚国；犬可以是羊；马为卵生；蛤蟆有尾巴；火不是热的；山从口里出来；轮子不着地；眼睛看不见东西；所指事物的概念不能达到实质上，即使对实质有所反映，也不能穷尽；用矩尺画出的并不方，圆规画出的也不圆；凿出的榫眼与榫头不可能完全吻合；飞鸟的身影不曾移动；疾飞的箭头，却存在着静止和不静止的时候；狗不是犬；黄马黑牛合起来为三；白狗是黑的；孤驹未曾有母亲；一尺长的杖，每天截取一半，一万年都截取不完。好辩的人们用这些论题和惠施辩论，终生没有了结。

桓团和公孙龙都是善辩之人，他们蒙蔽人心，改变人的意向，能够胜过人的口舌，却不能折服人的心志，这是辩论者的局限。惠施天天运用自己的心智与别人辩论，独与天下的辩者提出许多怪异的论题，以上所述就是他们辩论的大略情况。

然而惠施的口辩，自以为是最出色的，说："天地是多么伟大啊！"惠施心存壮志而无道术。南方有个名叫黄缭的异人，询问天地为什么不坠不陷，以及产生风雨雷霆的原因。惠施毫不推辞而予以接应，不假思索便即刻回答，说遍了万物生灭的所有原因。如此说个不停，多得难以住口，还是觉得没有说够，更加上一些奇谈怪论。他把违反人之常情的东西当做真实，想在辩论中胜过别人而获取名声，因此他与众人不合。他轻视道德的修养，重视对外物的研究，走了一条曲折的道路。从自然之道来看惠施的才能，他就像一只蚊虻那样徒劳无济，对于万物有何作用！他充当一家之说还可以，要说比大道还珍贵，那就太危险了！惠施不能以一家之说而止息，把精力耗散在万物的分析上而不厌倦，最终只落个善辩的名声。可惜啊！惠施的才能，放荡而无所收获，追逐万物而永不回头，这是用声音阻止回声，形体和影子竞走，多么可悲啊！